FOOD POWER

Für die deutsche Ausgabe:
Programmleitung Monika Schlitzer
Redaktionsleitung Anne Heinel
Projektbetreuung Jessica Kleppel
Herstellungsleitung Dorothee Whittaker
Herstellungskoordination Ksenia Lebedeva
Herstellung Evely Xie

Übersetzung Annerose Sieck
Lektorat Bernhard Edlmann, Jutta Schmolke

DK UK:
Redaktion Libby Brown, Alison Donovan
Herstellung Catherine Williams, Stephanie McConnell
Design und Layout Alison Shackleton

Die Inhalte dieses Buches stammen aus: Sprouted!, 2017 (Text © Caroline Bretherton), Superfood Breakfasts, 2016 (Text © Kate Turner), Power Bowls, 2016 (Text © Kate Turner), Energy Bites, 2016 (Text © Kate Turner, Annie Nichols).

Alle erschienen bei Dorling Kindersley Limited, London, ein Unternehmen der Penguin Random House Group.

ISBN 978-3-8310-3305-8

Druck und Bindung RR Donnelley Asia Printing Solutions Limited, China

www.dorlingkindersley.de

Hinweise
Die Informationen und Ratschläge in diesem Buch sind von den Autoren und vom Verlag sorgfältig erwogen und geprüft, dennoch kann eine Garantie nicht übernommen werden.

Eine Haftung der Autoren bzw. des Verlags und seiner Beauftragten für Personen-, Sach- und Vermögensschäden ist ausgeschlossen.

Soweit nicht anders angegeben, beziehen sich die Temperaturangaben für den Ofen auf Ober- und Unterhitze. Bei Umluft verringert sich die Temperatur um etwa 20 °C. Beachten Sie hierzu gegebenenfalls auch die Angaben des Herstellers.

FOOD POWER

Das Kochbuch für den Energiekick

Inhalt

Power-Zutaten 8
Top-Powerfood 12
Was sind Sprossen? 18
Sprossen ziehen 20
Was ist eine Power-Bowl? 22
Aufbau einer Power-Bowl 24
Selbst gemacht statt gekauft 26

Frühstück 30

Quinoa-Buchweizen-Müsli 32
Gojibeeren-Rawnola 34
Amarant-Heidelbeer-Frühstücksriegel 36
Göttlicher grüner Saft 38
Smoothies to go 40
Beeren-Chia-Smoothie-Bowl 42
Tropische Smoothie-Bowl 44
Apfel-Grünkohl-Smoothie-Bowl 46
Overnight Oats 48
Schoko-Haselnuss-Porridge 50
Quinoa-Beeren-Porridge 52

Powerkorn-Porridge mit Birne 54
Möhren-Muffins mit Aprikosen 56
Süßes Kokosbrot mit Beeren-Coulis 58
Pikante Hafer-Power-Bowl 60
Rühreier mit Grünkohl & Bohnen 62
Heidelbeer-Hafer-Pancakes 64
Frühstücks-Desserts 66

Mittagessen 68

Quinoa-Supersamen-Brot 70
Avocado-Nori-Nusscreme-Toasts 72
Zitronen-Hummus mit Koriander 74
Sommerrollen mit Chili-Limetten-Sauce 76
Reis-Edamame-Proteintopf 78
Körnersalat mit Röstkürbis 80
Regenbogen-Gemüse-Frittata 82
Mais-Kichererbsen-Puffer 84
Weiße-Bohnen-Suppe mit Kohl & Parmesan 86
Pikante Pancakes mit Feta-Sprossen-Salat 88
Vegetarische Sushi-Bowl 90

Blumenkohl-Reis-Taboulé-Bowl 92

Ahi-Poke-Bowl mit Algensalat 94

Poke-Bowls 96

Tofu-Kimchi-Bowl 98

Buchweizen mit Baba Ghanoush 100

Asia-Salat mit Mungobohnen & Minze 102

Texmex-Salat & Zuckermais-Salsa 104

Hirse-Buddha-Bowl & Rote-Bete-Hummus 106

Abendessen 108

Bowl mit geröstetem Wurzelgemüse 110

Gedämpftes Gemüse & Halloumi 112

Buchweizen-Pho mit Pilzen & Makrele 114

Pho-Bowls 116

Naturreis-Sushi-Bowl mit Sprossen 118

Harissa-Huhn-Bowl mit Reis 120

Zucchinispiralen & Röstkichererbsen 122

Gewürzte Hirse mit Gemüse 124

Gemüseeintopf mit Gerste & Sorghum 126

Lachs auf Hirse mit Gemüsestreifen 128

Bohnensprossen-Burger mit Cashew-Mayo 130

Gemüsepfanne mit Quinoasprossen 132

Schwarze-Bohnen-Burrito-Bowl 134

Bohnen-Quesadilla mit Süßkartoffel 136
Adzukibohnen-Curry mit Spinat 138

Energiebällchen 140

Die Energiebällchen-Formel 142
Zweierlei Buchweizenbällchen 144
Knabberbällchen mit grünen Erbsen 146
Nuss-Samen-Powerbällchen 148
Hanfsamen-Quinoa-Cruncher 150
Süßkartoffel-Chili-Happen 152
Brokkoli-Haselnuss-Kraftpakete 154
Grünkohl-Kokosnuss-Bällchen 156
Tropische Immunsystem-Booster 158
Erdnussbutter-Bananen-Bällchen 160
»Apple-Pie«-Bällchen 162
Frucht-Nuss-Superbällchen 164
Superfood-Müsli-Bällchen 166
Cranberry-Feigen-Häppchen 168
Schokoladenbällchen für Sofort-Energie 170
Avocado-Bananen-Eislollis 172

Register 174

Power-ZUTATEN

Powerfood, das gut schmecken soll, besteht aus qualitativ hochwertigen Zutaten. Verwenden Sie möglichst frische, saisonale Bio-Produkte aus der Region. Im Folgenden finden Sie nährstoffreiche Superfood-Zutaten auf einen Blick.

GETREIDE & HÜLSENFRÜCHTE

Amarant Reich an Provitamin A und Vitamin C, Ballaststoffen, Kalzium, Kalium, Eisen. Enthält alle acht essenziellen Aminosäuren. Schützt vor Herzerkrankungen und senkt den Blutdruck.

Bohnen und Erbsen Kombiniert man sie mit Getreide, etwa Naturreis, liefern sie wertvolles pflanzliches Protein – ein ausgezeichneter Ersatz für Fleisch.

Buchweizen Ist glutenfrei und voller Vitamine, Mineralstoffe und Ballaststoffe. Stellt dem Körper nachhaltig Energie zur Verfügung, die erst allmählich verwertet wird.

Bulgur Enthält neben Eisen auch B-Vitamine, Ballaststoffe sowie Protein. Ist allerdings glutenhaltig.

Gelbe Spalterbsen Sie liefern lösliche Ballaststoffe, die den Cholesterinspiegel senken und den Blutzucker regulieren, zudem enthalten sie krebshemmende Isoflavone.

Hafer Eine der besten Quellen für lösliche Ballaststoffe. Schenkt über viele Stunden Energie und senkt den Cholesterinwert.

Hirse Liefert reichlich Magnesium, Kupfer, Mangan und Phosphor und fördert das Verdauungssystem. Kann vor Diabetes Typ 2 schützen.

Kichererbsen (auch als Mehl) Stellen hohe Mengen Eisen, Vitamin B_6, Magnesium sowie Ballaststoffe bereit und sind zudem eine gute vegetarische Proteinquelle.

Linsen Liefern wertvolles Pflanzenprotein und sehr viele Ballaststoffe, Magnesium, Kalium und Folsäure.

Quinoa Enthält alle essenziellen Aminosäuren, die für uns lebenswichtig sind, zudem reichlich Mangan, Magnesium und Phosphor, die rundum für Wohlbefinden sorgen.

Reis, Naturreis und schwarzer Reis Vollkornprodukte können das Risiko für Herzerkrankungen senken. Das gilt auch für Reis. Naturreis ist reich an Selen und Mangan, schwarzer Reis enthält viele Antioxidanzien.

Teff Das winzige Korn ist ein Nährstoffpaket. Teff liefert mehr Kalzium als andere Körner und alle acht essenziellen Aminosäuren, die auch für die Muskeln von großer Bedeutung sind.

Tofu, Tempeh und Miso Sie alle werden aus Sojabohnen hergestellt und fermentiert, um ihren Gesundheitsnutzen zu steigern. Enthalten vollständige Proteine aus allen acht essenziellen Aminosäuren.

NÜSSE & SAMEN

Cashewkerne Eine wichtige Quelle lebenswichtiger Mineralstoffe wie Mangan, Kalium, Eisen, Magnesium, Kupfer und Zink.

Chiasamen Die Mini-Samen liefern reichlich Omega-3-Fettsäuren und fünfmal so viel Kalzium wie Kuhmilch. Ebenfalls enthalten sind Antioxidanzien, entzündungshemmende Substanzen und Ballaststoffe.

Haselnüsse Überaus nahrhaft, mit vielen Ballaststoffen und Folsäure, einem wichtigen B-Vitamin.

Kürbiskerne Sie sind eine Quelle für Tryptophan, das der Körper wiederum in das schlafregulierende Serotonin umwandelt.

Leinsamen Sind einer der besten pflanzlichen Lieferanten von

Omega-3-Fettsäuren und enthalten außerdem viele B-Vitamine.

Macadamianüsse Liefern jede Menge gesunde Fette, zudem Thiamin, Mangan und Kupfer.

Mandeln Enthalten mehr Vitamin E als jede andere Nuss, dazu knochenfreundliches Kalzium. Sie können ganz, als Mandelblättchen oder in Form von Milch verwendet werden.

Paranüsse Eine sehr gute Quelle für Fettsäuren und Selen. Super auch für Haut und Haar.

Pekannüsse Liefern das Antioxidans Ellagsäure, das den Körper vor Krankheiten schützen kann.

Pistazien Stellen gesunde Fette und Protein bereit, außerdem Kupfer, das für die Produktion roter Blutkörperchen wichtig ist.

Sesam Liefert viele Vitamine, Mineralstoffe und Phytosterine, die das Immunsystem unterstützen, den Cholesterinwert senken und vor Krebs schützen.

Sonnenblumenkerne Eine hervorragende Quelle für Folsäure und essenzielle Aminosäuren.

Walnusskerne Sie enthalten cholesterinsenkende Substanzen, eine kräftige Dosis Protein sowie das Schlafhormon Melatonin.

FRÜCHTE

Äpfel Ob getrocknet oder frisch: Äpfel steuern nicht nur natürliche Süße bei, sondern liefern neben Vitamin C auch B-Vitamine.

Aprikosen Eine ausgezeichnete Provitamin-A-Quelle, daher gesund für die Augen, und mit viel herzschützendem Kalium.

Avocados Liefern viele Antioxidanzien, gesunde Fette, Ballaststoffe, Kalium, Vitamin E und Magnesium. Gut für die Haut.

Bananen Enthalten reichlich Kalium. Bananen liefern sofort Energie und halten den Blutdruck stabil. Auch sagt man ihnen nach, dass sie depressive Verstimmungen lindern können.

Blau-/Heidel- und Brombeeren Antioxidanzien- und ballaststoffreich, mit Vitamin C und Substanzen, die vor Krebs schützen. Die Beeren sollen gut fürs Herz, für Augen und Gedächtnis sein.

Cranberrys Die leuchtend roten Beeren wirken offenbar lindernd auf Infektionen der Harnwege. Liefern schnell Energie und sind entzündungshemmend.

Datteln Die süßen Früchte stärken die Abwehr und regulieren den Kreislauf. Ihre hohen Eisen- und Kupferwerte fördern die Bildung roter Blutkörperchen, und ihr sich langsam abbauender Zucker sorgt für gesunden Energienachschub.

Feigen Reich an Mineralien wie Kalzium, dazu Provitamin A, Vitamin E und K. Feigen liefern wertvolle Antioxidanzien sowie Chlorogensäure, die den Blutzuckerspiegel ausbalancieren kann.

Gojibeeren Enthalten mehr Beta-Carotin als andere Pflanzen und haben zudem einen höheren Eisengehalt als ein Steak.

Granatäpfel Stecken voller Antioxidanzien, die vor Herzerkrankungen und Krebs schützen, zudem sind sie reich an Provitamin A, Vitamin C und E.

Ingwer Sein ätherisches Öl Gingerol wirkt entzündungshemmend und hat schmerzstillende Eigenschaften. Ingwer hilft auch bei Übelkeit.

Kokosnuss Hat eine antibakterielle und antimikrobielle Wirkung und tötet Pilze ab. Liefert überdies Laurinsäure, die dazu beiträgt, das gute HDL-Cholesterin zu erhöhen, die körpereigenen Abwehrkräfte zu steigern und so Krankheiten abzuwehren.

Mango Egal, ob sie frisch oder getrocknet genossen wird – sie ist reich an Aminosäuren und Provitamin A sowie B-Vitaminen. Ihre Antioxidanzien sollen sogar vor Krebs schützen.

Orangen/Zitronen/Limetten Diese Früchte liefern jede Menge Vitamin C. Außerdem regt ihre Zitronensäure die Verdauung an.

Rosinen Sie liefern Süße und Energie und besitzen mehr Ballaststoffe als frische Trauben.

Tomaten Enthalten Lycopin, ein kraftvolles Antioxidans, das unter anderem vor Krebs schützen kann. Auch steckt in ihnen Cholin, das den Schlaf, die Muskeln und das Gedächtnis unterstützt.

GEMÜSE

Brokkoli Viele Proteine, Vitamine und Antioxidanzien, dazu enthält er Substanzen, die das Risiko für Herzerkrankungen minimieren und die Gesundheit fördern.
Chilischoten Sie liefern viel Vitamin C. Capsaicin, das den Schoten ihre Schärfe verleiht, hat zudem antibakterielle und krebshemmende Eigenschaften.
Edamame (Soja)-Bohnen Sie sind eine ausgezeichnete Quelle für Protein, Eisen und Ballaststoffe.
Erbsen Reich an pflanzlichen Nährstoffen, Vitamin C und Folsäure. TK-Produkte sind dabei genauso gut wie frische Erbsen.
Grünkohl Das blättrige grüne Gemüse versorgt uns mit Antioxidanzien, Protein, Eisen, Ballaststoffen und Kalzium.
Knoblauch Er enthält Allicin, ein wirksames Mittel gegen Bakterien, Pilze und Viren.
Meeresalgen Sie sind nährstoffreich, kalorienarm und liefern sehr viel Jod, das für die Schilddrüse wichtig ist.
Möhren Gehören zu den kraftvollsten Lieferanten für Antioxidanzien. Sie sind zudem reich an Beta-Carotin, das der Körper zu Vitamin A umwandeln kann.
Pilze Alle Sorten liefern essenzielle Nährstoffe, viele sind reich an Selen und Vitamin D. Und vor allem Shiitake enthalten Beta-Glucan, das die Abwehr stärkt.
Rote Bete Ist bekannt als Blutdrucksenker und kraftvolles Entgiftungsmittel, stärkt auch die Herzgesundheit.
Rote Paprika Enthält konzentriertes Vitamin C, zudem Provitamin A und essenzielle B-Vitamine.
Rotkohl Der Kohl enthält ein hochwirksames Antioxidans mit dem Namen Anthocyan und trägt dazu bei, Herz und Kreislauf gesund zu halten.
Sellerie Liefert viele Ballaststoffe und Vitamin K, außerdem ist er gut für die Augen.
Spinat Enthält sehr viel Eisen, Protein und Vitamin C, zudem BetaCarotin, das wichtig für die Hautgesundheit ist.

Süßkartoffeln Eine sehr gute Quelle für Ballaststoffe, Antioxidanzien, Provitamin A, Vitamin C und B. Sie wirken regulierend auf den Blutzuckerspiegel ein und halten die Haut gesund.
Zwiebeln Reich an Chrom. Dieses Spurenelement hilft unter anderem, die Insulinproduktion des Körpers zu regulieren.

NOCH MEHR GUTES

Ahornsirup Reiner Ahornsirup hat eine besondere Süße. Sein Zinkanteil fördert das Immunsystem und Ahornsirup hat eine antioxidative Wirkung.
Apfelessig Das alte Heilmittel besitzt insulinregulierende Eigenschaften, die zu einer Senkung des Blutzuckerspiegels beitragen können.
Eier Liefern 20 Aminosäuren in leicht verdaulicher Form, enthalten alle Vitamine (außer Vitamin C) und sind eine gute Omega-3-Fettsäuren-Quelle: wichtig für Herz und Nervensystem.
Fetter Fisch Reich an Omega-3-Fettsäuren, die das Herz gesund halten und entzündliche Prozesse unterbinden können.
Gemüsebrühe Braten Sie dafür Zwiebeln in etwas Öl an, geben Sie Sellerie, Knoblauch, Pilze, Möhren und Kräuter wie Thymian, Lorbeer und Rosmarin hinzu. Mit reichlich Wasser aufgießen und 40 Minuten köcheln lassen, dann abseihen. Im Kühlschrank hält sich die Brühe 1 Woche, im TK-Fach 3 Monate.
Kokosmilch Nahrhaft und milchfrei mit all den positiven Eigenschaften der Kokosnuss. Verleiht Speisen ein feines Aroma.
Kokosöl Das alternative Kochfett hat dieselben antibakteriellen, antifungalen und antimikrobiellen Eigenschaften wie die Kokosnuss.
Mageres Fleisch Hähnchen und Fisch liefern komplexe Proteine, die unter anderem die Muskeln kräftigen und reparieren.
Milchprodukte Naturjoghurt und Käse liefern knochen- und zahnfreundliches Kalzium. Probiotika unterstützen Verdauungs- und Immunsystem.
Misopaste Die japanische Paste aus fermentierten Sojabohnen liefert komplexe Proteine; enthält alle essenziellen Aminosäuren.

Olivenöl Reich an einfach ungesättigten Fetten mit cholesterinregulierender Wirkung.

Reissirup Eine Alternative zu raffiniertem Zucker. Der Sirup enthält viele B-Vitamine und Mineralien aus dem Naturreis.

Rohhonig Besitzt antibakterielle, antifungale und antivirale Eigenschaften, ist zudem ein natürliches Antioxidans und Heilmittel.

Tahin In der cremigen Paste aus zerkleinertem Sesam stecken Kalzium, Kalium, Lezithin, Magnesium und Eisen.

Tamari-Sojasauce Eine weizenfreie Sojasauce, die neben Niacin (Vitamin B_3) auch Mangan und die stimmungsaufhellende Aminosäure Tryptophan enthält.

GEWÜRZE

Garam Masala Die Gewürzmischung wird gern in der indischen Küche verwendet. Sie enthält Koriandersamen, Kreuzkümmel, Kardamom, Senfsamen, Bockshornklee und Kümmel.

Kreuzkümmel Die unverwechselbar duftenden Samen enthalten gesunde essenzielle Öle.

Kurkuma Das Gewürz hat entzündungshemmende und immunstärkende Eigenschaften. In der chinesischen und indischen Medizin wird es seit Jahrhunderten genutzt.

Muskat Sollte frisch gemahlen oder gerieben werden. Wirkt antifungal, hat antioxidative Eigenschaften und hebt darüber hinaus die Stimmung.

Nelken Reich an Eugenol, einem ätherischen Öl, das schmerzstillend und antiseptisch wirkt.

Paprikapulver Besteht aus getrockneten, gemahlenen Paprikaschoten. Kann scharf, süß oder geräuchert sein und wirkt antibakteriell sowie entzündungshemmend.

Piment Auch als Nelkenpfeffer bekannt. Das »warme« Gewürz besitzt entzündungshemmende Eigenschaften. Es enthält zudem Eugenol, ein Öl, das als Antiseptikum wirkt.

Zimt Das Gewürz ist ein hochwirksames Antioxidans und enthält außerdem essenzielle Mineralstoffe.

KRÄUTER

Basilikum Enthält außergewöhnlich viel Beta-Carotin, ebenso das augenschützende Zeaxanthin.

Koriander Eine sehr gute Quelle für Provitamin A sowie Vitamin K und C. Blätter und Samen besitzen antioxidative Eigenschaften.

Minze Das Aroma verdankt sie ihrem ätherischen Öl, das viel Menthol enthält, schmerzlindernd wirkt und außerdem die Verdauung fördert.

Petersilie Reich an Antioxidanzien und Vitamin K, das für gesunde Knochen wichtig ist.

Thymian Enthält das antiseptische Thymol und reichlich Kalium, das unter anderem den Blutdruck reguliert.

POWER-PULVER

Açaípulver Wird aus getrockneten Açaíbeeren hergestellt. Es schenkt Energie und unterstützt das Immunsystem.

Baobabpulver Das Pulver aus der getrockneten Baobab-Frucht ist zucker- und fettarm, reich an Vitamin C, Kalzium, Eisen, Magnesium und Kalium.

Blütenpollen Sie enthalten nahezu alle essenziellen Nährstoffe, die der Körper benötigt, zudem Protein, Antioxidanzien, Vitamine und Mineralstoffe.

Lucumapulver Seit fast 2000 Jahren wird die Superfrucht Lucuma in Peru gegessen. Das Pulver ist natürlich süß, ohne den Blutzuckerspiegel zu beeinflussen, und reich an Eisen.

Macapulver Das mineralreiche Pulver kann hormonregulierend wirken und soll sogar die Fruchtbarkeit erhöhen!

Matchapulver Es wird aus grünem Tee hergestellt und enthält antioxidative Katechine. Soll vor Krebserkrankungen schützen.

Moringapulver Das Moringablatt des »Wunderbaums« ist eine gute Quelle für Provitamin A, Vitamin C, Eisen und Kalzium.

Spirulinapulver Es besteht zu 60 bis 70 Prozent aus Protein. Eisen, Kalzium und Vitamine sorgen für die Gesundheit von Haut und Nervensystem.

TOP-POWERFOOD Gemüse

FENCHEL

Vitamin C, reich an Ballaststoffen, Folsäure, Mangan, Kalium, Niacin, Kalzium, Eisen und Phosphor.

Positive Wirkungen:

- **senkt** den Blutdruck
- **schützt** die Haut vor Umwelt- und Sonnenschäden
- **reduziert** das Risiko für Herzerkrankungen und Krebs

GRÜNKOHL

Provitamin A, Vitamin K, B_6 und C, Mangan, Kupfer, entzündungshemmende, antioxidative Stoffe.

Positive Wirkungen:

- **schützt** vor Krebs und Osteoporose
- **fördert** die Verdauung
- **trägt** zur Lebergesundheit **bei**

SÜSS-KARTOFFEL

Provitamin A und Vitamin C, gute Quelle für B-Vitamine, Ballaststoffe, Kalium und Mangan.

Positive Wirkungen:

- **fördert** Zustand der Entspannung
- **trägt** zu gesunder Haut **bei, regt** Kollagenwachstum **an**
- **schenkt** Energie ohne Blutzuckerspitzen

MÖHREN

Provitamin A, Vitamin B_6, C und K, Folsäure, Mangan, Ballaststoffe und Kalium. Positive Wirkungen:

- **senken** den Cholesterinwert
- **tun** den Augen **gut** (Großmutter hatte recht!)
- **reduzieren** das Risiko für Krebs und Diabetes

SPINAT

Provitamin A, Vitamin K, B_2 und C, Eisen, Folsäure, Mangan und Magnesium. Positive Wirkungen:

- **gibt** Energie und Vitalität
- **hält** Augen und Knochen **gesund**
- **bekämpft** Anämie bei Eisenmangel

ERBSEN & BOHNEN

Vitamin K, C, und B_6, Provitamin A, Thiamin, Mangan, Ballaststoffe, Kupfer und Phosphor. Positive Wirkungen:

- **unterstützen** das Immunsystem
- **halten** Muskeln und Knochen **gesund**
- **machen satt**, so bekommt man keinen Heißhunger auf Snacks

BROKKOLI

Vitamin K, E, B_6 und C, Provitamin A, Chrom, Kalium, Mangan und Ballaststoffe. Positive Wirkungen:

- **senkt** Cholesterin und Risiko für Herzkrankheiten
- **fördert** die Entgiftung
- **schützt** die Haut vor schädlichen Einflüssen und Sonneneinstrahlung

ROTE BETE

Provitamin A, Vitamin C, reich an Ballaststoffen, Kalzium, Eisen, Mangan und Kalium. Positive Wirkungen:

- **unterstützt** die Krebsabwehr
- **hält** den Darm **gesund**
- **senkt** den Cholesterinspiegel

TOP-POWERFOOD Früchte

GOJIBEEREN

Provitamin A, Vitamin B_2 und C, Antioxidanzien, Selen und mehr Eisen als ein Steak. Positive Wirkungen:

- **helfen** im Kampf gegen Krebs
- sollen die Lebenserwartung **erhöhen**
- **stärken** das Immunsystem (deshalb sind sie auch so beliebt bei Promis)

HEIDELBEEREN

Vitamin K und C, Ballaststoffe, Mangan und hohe Antioxidanzienwerte. Positive Wirkungen:

- **verbessern** die Sehkraft
- **senken** den Blutdruck
- **stärken** das Gedächtnis
- **schützen mit** vor Krebs und Herzkrankheiten

AVOCADO

Vitamine C und E, B-Vitamine, Provitamin A, Kalium, einfach ungesättigte Fettsäuren, Folsäure. Positive Wirkungen:

- **verbessert** das Hautbild
- **lindert** Depressionen
- **senkt** Cholesterin
- **reduziert** das Risiko für Herzkrankheiten

KIWIS

Vitamin C und E, Ballaststoffe, Magnesium, Kalium, Kupfer und Zink. Positive Wirkungen:

- **halten** Haut, Haar, Nägel **gesund**
- **erhöhen** die Eisenaufnahme
- **mindern** das Risiko für Herzkrankheiten

BANANEN

Vitamine B, C und E, Provitamin A, Kalium, Phosphor, Selen und Säure regulierende Stoffe. Positive Wirkungen:

- **wirken** blutdrucksenkend
- **lindern** Depressionen
- **schützen** vor Magengeschwüren

PAPAYA

Vitamin C, B-Vitamine, Provitamin A, Antioxidanzien, Kalium, Kupfer, Magnesium und Ballaststoffe. Positive Wirkungen:

- **senkt** den Blutdruck
- **mindert** das Risiko für Herzkrankheiten
- **fördert** die Wundheilung

ANANAS

Vitamin C, B-Vitamine, Ballaststoffe, Folsäure, Pantothensäure, Kupfer und Mangan. Positive Wirkungen:

- **reguliert** den Blutzucker
- **unterstützt** das Immunsystem
- **lindert** das Reizdarm-Syndrom

KOKOSNUSS

B-Vitamine, Kalzium, Kalium, Kupfer, Mangan, Eisen und Laurinsäure. Positive Wirkungen:

- **schützt** vor Schlaganfall und Alzheimer
- **erhöht** den guten HDL-Cholesterinwert und **schützt** so das Herz

TOP-POWERFOOD

Getreide & Samen

LEINSAMEN

Reich an B-Vitaminen, Ballaststoffen, Magnesium und Omega-3-Fetten. Positive Wirkungen:

- **senken** Cholesterin und Bluthochdruck
- **fördern** die Verdauung dank vieler Ballaststoffe
- **nähren** Haut und Haare

QUINOA

Mangan, Magnesium, Phosphor und alle essenziellen Aminosäuren, die der Körper braucht. Positive Wirkungen:

- ist **glutenfrei** (gut bei Weizenallergie und Zöliakie)
- **lindert** Migräne
- **hilft** gegen Verstopfung
- **senkt** Cholesterin

HANFSAMEN

Vitamin E, Magnesium, Zink, Kalzium, sehr viel Protein und entzündungshemmend. Positive Wirkungen:

- **regulieren** Energielevel
- **stärken** das Immunsystem
- **sorgen** für nachhaltiges Sättigungsgefühl

NATURREIS

Vitamin B_3, Magnesium, Mangan, viele Ballaststoffe, Selen und Lezithin. Positive Wirkungen:

- **trägt** zu einem gesunden Körpergewicht **bei**
- **reduziert** Asthmabeschwerden
- **senkt** Risiko für Migräne und Gallensteine
- **senkt** Cholesterin

BUCHWEIZEN

Mangan, Magnesium, Kupfer, Phosphor, Tryptophan (sorgt für gesunden Schlaf). Positive Wirkungen:

- **verhindert** Energiespitzen, die zu Stimmungsschwankungen, Entzündungen und Gewichtszunahme führen können
- **normalisiert** Cholesterinwerte

AMARANT

Vitamine A, C, Ballaststoffe, Kalzium, Kalium, Eisen, alle essenziellen Aminosäuren. Positive Wirkungen:

- **schützt** vor Krebs und Herzerkrankungen
- **lindert** Schmerzen und Entzündungen
- **erhöht** Energielevel
- **senkt** den Blutdruck

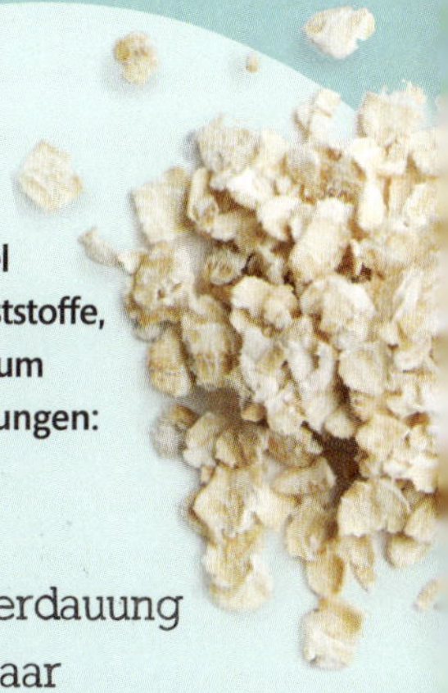

HAFER

B-Vitamine, sehr viel Protein, lösliche Ballaststoffe, Zink, Kalzium, Magnesium und Eisen. Positive Wirkungen:

- **sorgt** dauerhaft für Energie
- **unterstützt** die Verdauung
- **ist gut** für Haut, Haar und Nägel
- **fördert** die Konzentration

CHIASAMEN

Reichlich Ballaststoffe, dazu Antioxidanzien, Omega-3-Fette und fünfmal so viel Kalzium wie Kuhmilch. Positive Wirkungen:

- **senken** Cholesterin
- **stabilisieren** Blutzucker
- **halten** das Herz **gesund**

Was sind SPROSSEN?

Sprossen sind ganz junge Pflanzen, kleine Triebe, die wachsen, wenn ein Same keimt. Sie sind gesund, köstlich und lassen sich zu Hause leicht selbst ziehen.

TEXTUREN & GESCHMACK

Je nachdem, aus welchem Samen sie stammen, gibt es bei den Sprossen alles – von zarten Ranken bis hin zu kräftigen Trieben. Oft schmecken sie wie die voll ausgewachsene Pflanze. Sie können die Sprossen ernten, sobald sie zum Vorschein kommen – oder länger wachsen lassen, wenn Sie mehr Textur wünschen.

EINWEICHEN?

Das Einweichen ist der erste Schritt beim Sprossenziehen. Es hat allein schon einen wertvollen Effekt: Samen, Getreide, Bohnen oder Nüsse, über Nacht ins Wasser gelegt, sind leichter verdaulich und ihre Nährstoffe weitaus besser verfügbar.

GEKEIMTE SAMEN *sind meist dünn und zart.*

HÜLSENFRÜCHTE *bringen knackige Sprossen.*

GEKEIMTES GETREIDE *hat gekocht noch viel Biss.*

KICHERERBSEN *verdoppeln nach nächtlichem Einweichen ihre Größe.*

Sprossen: Pure Gesundheit!

Wer Wert auf Frische legt, kann Sprossen selbst ziehen. Zu Hause und das ganze Jahr über. Ein Glas, dazu Samen, Getreide oder Bohnen – mehr brauchen Sie nicht. Die Aromen reichen von süß bis scharf, sodass für jeden Gaumen etwas dabei ist.

In den Samen schlummern Nährstoffe, die nur noch aufgeschlossen werden müssen. Einweichen und Keimung bewirken, dass sogenannte Antinährstoffe wie etwa Phytinsäure deaktiviert werden. Diese Substanz, die den Samen vor zu früher Keimung schützt, bindet essenzielle Mineralstoffe wie Kalzium, Eisen und Zink, sodass sie vom Verdauungstrakt nicht aufgenommen werden können. Sobald der Keim zu wachsen beginnt, wird das Enzym Phytase aktiviert. Es bricht die Verbindung zwischen der Phytinsäure und den essenziellen Mineralien auf und macht diese damit verfügbar. Die Keimung löst zudem chemische Veränderungen aus, die den Anteil wichtiger Nährstoffe wie Aminosäuren, Vitamin C, Provitamin A sowie B-Vitamine erhöhen. Gekeimte Samen, Getreide oder Bohnen haben einen ganz anderen Gehalt an Vitaminen als ihre nicht gekeimten Varianten. In den trockenen Samen sind nur winzige Spuren enthalten, in den Sprossen dagegen große Mengen.

Samen, Getreide und Bohnen werden durch die Keimung bekömmlicher. Die aktivierten Enzyme fördern die Verdauung. Sie neutralisieren nicht nur Phytinsäure, die den Darm reizen kann, sie agieren zudem als Katalysator und spalten komplexe Kohlenhydrate und Pflanzenproteine in leicht verdauliche einfache Zucker bzw. Aminosäuren auf. Auf diese Weise wird das Protein besser verfügbar. Und negative Nebenwirkungen, etwa Blähungen beim Verzehr von Bohnen und Getreide, reduzieren sich. Sprossen fördern das Wachstum lebenswichtiger Verdauungsenzyme und tragen so zur Darmgesundheit bei. Sprossen sind wahrhaftig ein Superfood.

» Ein Gemüsegarten auf der Fensterbank «

Sprossen ZIEHEN

Diese einfache Methode ist genau richtig für den Einstieg. Sie funktioniert mit vielen Samen, Körnern und Bohnen. Bevor Sie starten, sollten Sie Samen und Equipment reinigen (siehe Seite gegenüber).

Sprossen können mit Krankheitskeimen belastet sein. Kinder, Schwangere und Immungeschwächte sollten sie daher nicht roh verzehren.

1. Einweichen

Samen, Getreide oder Bohnen in ein Glas legen und es bis zur Hälfte mit Wasser füllen. Netz oder Baumwollstoff mit Schraubring darauf befestigen. Je nach Sorte laut der Anleitung im Rezept einweichen.

2. Abgießen & spülen

Das Einweichwasser abgießen, den Deckel abnehmen und die Samen, das Getreide oder die Bohnen mit Wasser spülen. Den Deckel aufsetzen und alles noch einmal abgießen.

3. Keimung

Das Glas an eine gut belüftete Stelle ohne direkte Sonneneinstrahlung stellen, mit der Öffnung nach unten, damit das Wasser abtropfen kann. Zum Auffangen der Flüssigkeit Küchenpapier darunterlegen.

SAMEN REINIGEN

Als zusätzliche Vorsichtsmaßnahme können Sie die Samen vor dem Keimen reinigen. Dafür in einem Topf eine Lösung aus 3 % Wasserstoffperoxid in Wasser auf 60 °C erhitzen.
Die Samen in ein feines Sieb legen und vollständig in die Lösung tauchen. 5 Minuten darin einweichen, ab und zu hin und her schwenken. Darauf achten, dass die Temperatur von 60 °C konstant bleibt. Dann die Samen mit sauberem Wasser (Zimmertemperatur) abspülen.

Super Tipp

Immer gut abtropfen lassen! Sonst schimmeln die Sprossen oder sind nicht mehr keimfrei.

4. Spülen & abtropfen

Mindestens zweimal täglich gefiltertes Wasser ins Glas geben und damit spülen. Jedes Mal das Glas kopfüber stellen, damit das Wasser gut abfließen kann.

5. Beobachten

Je nach Sorte beginnen Samen, Getreide oder Bohnen nach 1–3 Tagen zu keimen. Der Spross sieht aus wie ein kleiner Schweif, der aus dem Samen kommt.

6. Ernte

Die verzehrfertigen Sprossen noch einmal spülen und abtropfen, aus dem Glas nehmen, auf Küchenpapier trocknen lassen. Kühl und luftdicht verschlossen halten sie sich 5 Tage.

Was ist eine POWER-BOWL?

Eine ausgewogene Mahlzeit mit allen Nährstoffen in einer Schüssel. Ob als schnelles Frühstück für die ganze Familie, als Mittagessen für eine Person oder als Abendessen für Freunde: Diese Bowls schmecken köstlich, sehen toll aus und sind einfach zuzubereiten.

UND SO GEHT'S

Nehmen Sie eine hübsche Schüssel, legen Sie supergesunde Zutaten hinein und richten Sie alles nett an. Dann lehnen Sie sich zurück und genießen die Mahlzeit, die voller Nährstoffe steckt. So haben Sie Power für den ganzen Tag.

POWERFOOD-ZUTATEN

Wir legen den Fokus auf frisches Obst und Gemüse, gesundes Vollkorngetreide, mageres Protein, Nüsse, Samen und stärkende Superfoods.

Die Rezepte sind glutenfrei und kommen ohne raffinierten Zucker aus. Sie finden eine Vielzahl an Variationen, die Sie inspirieren werden. Wenn Sie sich auf diese Art ernähren, kann das großen gesundheitlichen Nutzen bringen. Dazu gehören mehr Kraft, bessere Stimmung, mehr Konzentrationsvermögen, vermutlich sogar ein tieferer Nachtschlaf und mehr Wohlbefinden am Morgen. Jede dieser köstlichen Power-Bowls enthält Superfood, das Sie vitaler macht. Sie fühlen sich einfach fantastisch und gewinnen an Lebensenergie!

»Eine ernährungsphysiologisch ausgewogene Mahlzeit in einer Schüssel«

Aufbau einer POWER-BOWL

Es gibt viele Möglichkeiten, eine Bowl zusammenzustellen. Für eine komplette, ausgewogene Mahlzeit schichten Sie Getreide, Gemüse, Nüsse, Samen, leckere Dressings und eine gute Proteinquelle in die Schüssel. Verwenden Sie hochwertige Zutaten, am besten bio, um den größtmöglichen Gesundheitsnutzen zu haben.

1. Basis

2. Protein

3. Gemüse

Beginnen Sie mit einer energiereichen Basis, etwa Linsen wie hier. Vollkorngetreide, Hülsenfrüchte und Nudeln eignen sich genauso gut.

+

Dazu kommen proteinreiche Kichererbsen, Fisch, Eier oder Tofu. Ein Mix aus Getreide und Hülsenfrüchten liefert die ganze Palette an Pflanzenprotein.

+

Darauf geben Sie rohes oder gegartes Gemüse, Möhren, Grünkohl, Rote Bete, Süßkartoffel, Sellerie, Rucola – pure Vitamine.

»Körner, Hülsenfrüchte, Nüsse und Samen haben noch mehr Power, wenn man sie einweicht.«

Sonntagsarbeit!

Das Wochenende ist der ideale Zeitpunkt für Planungen und Vorbereitungen: Rezepte lesen, Dressings zubereiten, Zutaten einweichen oder marinieren. So sparen Sie unter der Woche Zeit!

4. Knackige Toppings

5. Dressings

\+ Streuen Sie für mehr Biss Nüsse und Samen darauf – beispielsweise Walnuss- und Kürbiskerne.

\+ Zum Schluss kommt das Dressing. Hier besteht es aus Honig, Olivenöl und grobkörnigem Senf.

= **Greifen Sie richtig zu!**

Selbst gemacht statt GEKAUFT

Diese einfachen Lieblinge verfeinern viele Rezepte in diesem Buch mit Aroma und Textur. Man könnte sie alle auch kaufen, aber selbst gemacht schmeckt's einfach besser.

HASELNUSS-DUKKAH

Ergibt ca. 100 g 55 g Haselnüsse • 40 g Sesam • 1 EL Koriandersamen • 1 EL Kreuzkümmelsamen • Salz, Pfeffer

1 Den Backofen auf 180 °C Ober-/Unterhitze (160 °C Umluft) vorheizen. Die Haselnüsse auf einem Blech 10 Minuten rösten.
2 Die abgekühlten Nüsse zum Schälen reiben, mit Sesam, Koriander- und Kreuzkümmelsamen sowie je 1 TL Salz und Pfeffer in einer Küchenmaschine fein hacken. Hält sich verschlossen im Kühlschrank 2 Monate.

HUMMUS

Ergibt ca. 300 g 200 g gegarte Kichererbsen • 2 EL Zitronensaft, plus mehr nach Bedarf • 1 Knoblauchzehe, gepresst • 1 EL Tahin (Sesammus) • Salz • 2 EL Olivenöl • Pfeffer

1 Alle Zutaten, außer Öl und Pfeffer, mit ½ TL Salz im Mixer zerkleinern.
2 Währenddessen das Öl langsam zufügen, dann so viel Wasser, bis die gewünschte Konsistenz erreicht ist.
3 Mit Zitronensaft, Salz und Pfeffer abschmecken. Hält sich kalt gestellt und verschlossen 2–3 Tage.

EINGELEGTE GURKEN

Ergibt ca. 300 g 1 Salatgurke • 1 TL entkernte, fein gehackte rote Chilischote • 1 EL geschälter, fein gehackter Ingwer • 100 ml Apfelessig • 1 EL Rohhonig • 1 TL Salz

1 Gurke waschen. Erst längs in Scheiben, dann in kleine Stücke schneiden.
2 Alle Zutaten in einer großen Schüssel vermengen. Gut verrühren und abgedeckt 30 Minuten bis 2 Stunden kalt stellen.
3 In ein Glas füllen. So halten sich die Gurken 2 Monate im Kühlschrank.

NUSSMILCH

Es eignen sich Haselnüsse und Mandeln. Sie brauchen ein Baumwoll- oder Passiertuch.

1 150 g Nüsse über Nacht in der doppelten Menge Wasser einweichen. Abgießen, abtropfen lassen.
2 Mit 750 ml Wasser im Mixer oder in der Küchenmaschine 30–60 Sekunden zerkleinern, bis das Ganze wie Kuhmilch mit Schaum obendrauf aussieht.
3 Das Tuch in ein Sieb legen und dieses auf einen Krug setzen. Die Milch hineingießen und durchtropfen lassen, zum Schluss die letzten Tropfen ausdrücken.
4 In eine Glasflasche abseihen. Im Kühlschrank hält die Milch 3 Tage.

CASHEWCREME

Ergibt ca. 200 g 120 g Cashewkerne

1 Die Cashewkerne über Nacht in der doppelten Menge Wasser einweichen. Anschließend abgießen und abtropfen lassen.
2 Mit 120 ml Wasser im Mixer glatt pürieren. Verschlossen hält sich die Creme im Kühlschrank 2–3 Tage.

SÜSSKARTOFFEL-FALAFEL

Ergibt 4 Stück 50 g Süßkartoffel, ungeschält, gewürfelt • 1 TL Kokosöl • 1 EL fein gehackte rote Zwiebel • 1 Knoblauchzehe, gepresst • ¼ TL gemahlene Kurkuma • ¼ TL gemahlener Kreuzkümmel • ½ TL entkernte, fein gehackte rote Chilischote • 50 g gegarte Kichererbsen • 1 EL Zitronensaft • ½ EL Tahin (Sesammus) • 1 EL gehacktes Koriandergrün • Salz, Pfeffer

1 Backofen auf 200 °C Ober-/Unterhitze (180 °C Umluft) vorheizen.
2 Die Süßkartoffel in 10–15 Minuten weich dämpfen.
3 Öl in einer Pfanne erhitzen. Zwiebel und Knoblauch darin bei mittlerer Hitze weich dünsten. Gewürze einrühren, 2 Minuten mitdünsten.
4 Kichererbsen, Süßkartoffel, Zitronensaft, Tahin und Koriander in der Küchenmaschine grob mixen. Mit dem Zwiebel-Knoblauch-Mix in einer Schüssel mischen.
5 Mit Salz und Pfeffer würzen.
6 Aus der Masse vier Bällchen formen, auf ein Backblech legen und 20 Minuten backen.
7 Auf einem Kuchengitter vor dem Servieren abkühlen lassen.

ROTE-BETE-HUMMUS

Ergibt ca. 350 g 100 g Rote Bete, grob gehackt • ½ EL Olivenöl • 1 Menge Hummus (siehe links)

1 Rote Bete auf ein Backblech legen, mit dem Öl beträufeln. Im auf 180 °C Ober-/Unterhitze (160 °C Umluft) vorgeheizten Backofen in 30 Minuten weich rösten. Dann pürieren und mit dem Hummus verrühren.

ROTKOHL-KIMCHI

Ergibt ca. 1 l Salz • 450 g Rotkohl, geraspelt • 100 g Daikon oder Radieschen, in dünnen Streifen • 1 rote Chilischote, entkernt, fein gehackt • 3 Knoblauchzehen, gepresst • 20 g geriebener Ingwer • 2 Frühlingszwiebeln, gehackt

1 Ein Einmachglas und den Deckel in kochendem Wasser sterilisieren und trocknen lassen.
2 750 ml Wasser in einem Krug mit 3 EL Salz mischen.
3 Kohl und Daikon oder Radieschen in eine Schüssel geben, Salzwasser darauf gießen. Einen Teller auflegen, damit die Kohlmischung in der Lake liegt. Mit Frischhaltefolie abdecken und über Nacht bei Zimmertemperatur ziehen lassen.
4 Abgießen, die Lake auffangen. Kohlmischung unter kaltem Wasser spülen und wieder in die Schüssel geben.
5 Chili, Knoblauch, Ingwer und Frühlingszwiebeln zugeben, mit dem Kohl mischen. Das Ganze in das Glas geben, dabei die Mischung mit einem Löffel herunterdrücken.
6 Mit der Lake bedecken.
7 Deckel aufsetzen und das Glas bei Zimmertemperatur (nicht im Sonnenlicht) 1–5 Tage stehen lassen.
8 Jeden Tag die Mischung wieder in die Lake drücken. Stimmt der Geschmack, ist sie fertig.
9 Kimchi nach Belieben noch etwas länger ziehen lassen. Im Kühlschrank hält es sich 1 Monat.

BABA GHANOUSH

Ergibt ca. 400 g 1 mittelgroße Aubergine • 1 Knoblauchzehe, gepresst • 1 EL Zitronensaft, plus mehr nach Bedarf • 60 g Tahin (Sesammus) • Salz

1 Den Backofen auf 220 °C Ober-/Unterhitze (200 °C Umluft) vorheizen. Die Aubergine auf ein Backblech legen und die Haut mit einer Gabel einstechen. 25 Minuten backen.
2 Haut von der Aubergine ziehen, Stängelansatz entfernen, Fleisch grob hacken. Mit Knoblauch, Zitronensaft und Tahin in der Küchenmaschine pürieren. Mit Salz und Zitronensaft abschmecken. Abkühlen lassen.

CHIMICHURRI-SAUCE

Ergibt ca. 100 g 4 Knoblauchzehen, gepresst • 40 g Petersilie, gehackt • 2 TL getrockneter Oregano • 3 EL Apfelessig • 4–6 EL Olivenöl

1 Die Zutaten, außer dem Öl, in der Küchenmaschine oder im Mixer vermengen.
2 Währenddessen das Öl einlaufen lassen und das Ganze glatt pürieren. Luftdicht verschlossen hält sich die Sauce im Kühlschrank 2 Wochen. Vor dem Gebrauch schütteln.

ZUCKERMAIS-SALSA

Ergibt ca. 400 g 1 EL Kokosöl • 1 Zuckermaiskolben • ¼ rote Zwiebel, klein gewürfelt • 1 große Tomate, gewürfelt • 1 TL entkernte, fein gehackte rote Chilischote • Saft von ½ Limette • 1 EL gehacktes Koriandergrün • 1 TL Olivenöl • Salz, Pfeffer

1 Das Öl in einer Pfanne stark erhitzen. Den Maiskolben darin scharf anbraten, bis sich dunkle Stellen zeigen, dabei mehrmals wenden.

2 Herausnehmen und abkühlen lassen, dann die Körner abschneiden.
3 Die Maiskörner in einer Schüssel mit den restlichen Zutaten mischen, anschließend mit Salz und Pfeffer würzen. Frisch schmeckt die Salsa am besten, sie hält sich aber im Kühlschrank 1–2 Tage.

HARISSA-MARINADE

Ergibt ca. 80 g 1 rote Paprikaschote • 1 TL Kreuzkümmelsamen • 1 TL Kümmelsamen • 1 EL Olivenöl • 1 EL Zitronensaft • 2 Knoblauchzehen, gepresst • 1 TL Apfelessig • ¼ TL Salz • ¼ TL Chiliflocken

1 Backofen auf 220 °C Ober-/Unterhitze (200 °C Umluft) vorheizen. Die Paprikaschote auf ein kleines Backblech legen und 10–15 Minuten rösten, bis die Haut Blasen wirft. Abkühlen lassen und die Haut abziehen. Fruchtfleisch und Kerne in die Küchenmaschine geben.
2 Restliche Zutaten zugeben und alles glatt pürieren. Im Kühlschrank hält sich die Harissa-Marinade luftdicht verschlossen 1 Woche.

GUACAMOLE

Ergibt ca. 225 g 100 g Avocadofruchtfleisch • 1 große Tomate, entkernt, gehackt • 1 EL Limettensaft • ½–1 TL entkernte, fein gehackte rote Chilischote • 1 Knoblauchzehe, gepresst • 1 EL gehacktes Koriandergrün • 1 Prise Salz

1 Die Zutaten in der Küchenmaschine grob zerkleinern und vermengen. Alles soll stückig bleiben!
2 Alternativ Avocado mit einer Gabel in einer Schüssel zerdrücken. Tomaten fein würfeln, mit den restlichen Zutaten zugeben und mischen.
3 Schmeckt frisch am besten, hält sich luftdicht verschlossen aber auch über Nacht im Kühlschrank.

BALSAMICO-GLASUR

Ergibt ca. 75 ml
125 ml Balsamico-Essig

1 Den Essig in einen kleinen Topf gießen und aufkochen.
2 Bei schwacher Hitze offen 10–15 Minuten köcheln, bis der Essig auf ¼ seines Volumens reduziert, aber noch flüssig ist.
3 Luftdicht verschlossen hält sich die Glasur 6 Monate.

SALSA VERDE

Ergibt ca. 250 g 30 g Koriandergrün • 125 g Cashewkerne • 4 EL Limettensaft • ½–1 Knoblauchzehe, gehackt • ¼ TL Salz • 1 EL Olivenöl

1 Alle Zutaten (außer Öl), mit 75 ml Wasser im Mixer gründlich pürieren.
2 Währenddessen das Öl einträufeln. Luftdicht verschlossen hält sich die Salsa im Kühlschrank 1 Woche.

AVOCADO-PESTO

Ergibt ca. 150 g 100 g Avocado-Fruchtfleisch • 2 EL Pinienkerne • 2 TL Limettensaft • 1 Knoblauchzehe, gepresst • 4 TL Olivenöl • 15 g Koriandergrün • 1 Prise Salz

1 Alle Zutaten in der Küchenmaschine oder im Mixer zu einer glatten Masse pürieren. Luftdicht verschlossen hält sich das Avocado-Pesto im Kühlschrank 1–2 Tage.

FRÜHSTÜCK

Gesundheit beginnt beim Frühstück!

Energie, Stimmung, Konzentrations- und Erinnerungsvermögen, auch der Schlaf werden davon beeinflusst, was wir morgens essen.

Studien zufolge kann etwas so Einfaches wie ein gutes Frühstück das Risiko für Übergewicht, Herzkrankheiten, Bluthochdruck und Diabetes reduzieren und die Lebenserwartung erhöhen.

Ein gute Mahlzeit am Morgen liefert wichtige Nährstoffe, wir fühlen uns danach gut und sehen toll aus.

Das Beste daran: Egal wie viel Sie zu tun haben, ein Superfood-Frühstück ist schnell gemacht.

Wenn man weiß, wie …

Quinoa-Buchweizen-MÜSLI

Dieses großartige Müsli schmeckt am besten mit Milch und frischen Früchten, doch Sie können es auch auf eine Smoothie-Bowl streuen oder als Snack tagsüber knabbern.

ERGIBT 1 KG/10 PORTIONEN

150 g Quinoa
115 g Haferflocken
125 g Buchweizenschrot
85 g Sonnenblumenkerne
85 g Kürbiskerne
85 g Chiasamen
60 g Kokosraspel
100 g Walnusskerne, gehackt
1 EL gemahlener Zimt
60 g Kokosöl
100 ml Ahornsirup
Mark von 1 Vanilleschote
100 g Rosinen
50 g getrocknete Aprikosen, fein gehackt
Nussmilch (siehe Seite 27) zum Servieren

1 Den Backofen auf 160 °C Ober-/Unterhitze (140 °C Umluft) vorheizen. Zwei bis drei große Backbleche mit Backpapier belegen.

2 Die Quinoa in ein Sieb geben und unter fließendem kaltem Wasser abspülen. Mit 500 ml Wasser in einen Topf geben, aufkochen und zugedeckt 12 Minuten garen.

3 Quinoa abgießen und in eine Schüssel füllen. Haferflocken, Buchweizenschrot, Sonnenblumen- und Kürbiskerne, Chiasamen, Kokosraspel, Walnüsse und Zimt untermengen.

4 Das Öl in einem kleinen Topf mit dem Sirup langsam erhitzen, das Vanillemark einrühren. In die Quinoa-Mischung rühren und 10 Minuten ziehen lassen.

5 Das Ganze auf den Blechen verteilen. 20 Minuten im Ofen backen, dann durchrühren. Die Ofentemperatur auf 140 °C Ober-/Unterhitze (120 °C Umluft) reduzieren, das Müsli weitere 20 Minuten backen und erneut durchrühren. Nochmals 20 Minuten backen.

6 Rosinen und Aprikosen mischen und gleichmäßig auf den Blechen verteilen. Müsli vollständig abkühlen lassen, dann luftdicht verpacken oder mit der Nussmilch servieren.

Pro Portion: **Kalorien** 495 · **Fett** 29,1 g · **Kohlenhydrate** 49,1 g · **Zucker** 18,1 g
Natrium 23 mg · **Ballaststoffe** 8,1 g · **Protein** 11,7 g

Super Tipp

In einer Dose hält sich das Müsli 1 Monat.

Gojibeeren-RAWNOLA

Es ist etwas Vorbereitung nötig: Buchweizenkörner und Sonnenblumenkerne brauchen 2–3 Tage zum Keimen. Die Mühe lohnt sich, denn sie liefern extrem viele Nährstoffe.

FÜR 2 PERSONEN

15 g Sonnenblumenkerne (Sprossengewicht 30 g)

54 g geschälter Buchweizen (Sprossengewicht 75 g)

Salz

20 g Sesam

20 g Hanfsamen

15 g Chiasamen

15 g Gojibeeren

25 g getrocknete Datteln, entsteint, gehackt

30 g Sultaninen oder Rosinen

¼ TL gemahlener Zimt

ZUM SERVIEREN

200 ml Mandelmilch (siehe Nussmilch, Seite 27)

Rohhonig zum Abschmecken

1 Nektarine, in Scheiben geschnitten

1 Kiwi, in Scheiben geschnitten

1 Sonnenblumenkerne und Buchweizen mit jeweils 1 Prise Salz in ein sauberes Glas geben. Die doppelte Menge Wasser daraufgießen und die Sonnenblumenkerne 8 Stunden darin einweichen, den Buchweizen nur 20 Minuten. Abgießen, Kerne und Körner sowie Gläser spülen.

2 Kerne und Körner offen in den Gläsern 2–3 Tage stehen lassen. Zweimal täglich in ein Sieb schütten und mit kaltem Wasser abspülen, wieder in die Gläser füllen (siehe Seite 20). Sonnenblumenkernsprossen können verwendet werden, wenn sie etwa 1 cm lang sind, Buchweizensprossen schon früher.

3 Sesam, Sprossen, Hanf- und Chiasamen, Gojibeeren, Datteln, Sultaninen oder Rosinen und Zimt mischen.

4 Rawnola in zwei Schälchen geben. Mit Mandelmilch und etwas Rohhonig sowie dem vorbereiteten Obst servieren.

Pro Portion: **Kalorien** 407 · **Fett** 18 g · **Kohlenhydrate** 52,9 g · **Zucker** 27,6 g · **Natrium** 12 mg · **Ballaststoffe** 9,4 g · **Protein** 13 g

Amarant-Heidelbeer-FRÜHSTÜCKSRIEGEL

Amarant ist weniger bekannt als Quinoa, doch er ist reich an Protein und gibt den Riegeln zusätzlichen Crunch. Luftdicht verpackt bleiben sie 1 Woche frisch.

ERGIBT 16 STÜCK

175 g Amarant (Einweichgewicht 250 g)
Salz
100 g Haferflocken
50 g Rosinen
50 g getrocknete Cranberrys
35 g Sonnenblumenkerne
35 g Kürbiskerne
25 g Chiasamen
2 TL gemahlener Zimt
3 EL Kokosöl
3 EL Ahornsirup
100 g Nussmus oder Tahin (Sesammus)
1 Banane, zerdrückt
1 EL Lucumapulver (nach Belieben)
125 g Heidelbeer-Chia-Konfitüre (siehe rechts)
30 g Gojibeeren
30 g Mandelblättchen
50 g Pistazien, grob gehackt

1 Den Amarant mit der doppelten Menge Wasser und 1 TL Salz 8 Stunden einweichen, abgießen und abspülen.

2 Den Backofen auf 180 °C Ober-/Unterhitze (160 °C Umluft) vorheizen. Ein flaches Backblech mit Backpapier belegen.

3 Den Amarant mit Haferflocken, Trockenfrüchten, Kernen, Samen und Zimt in der Küchenmaschine kurz vermengen.

4 Das Kokosöl mit dem Ahornsirup bei mittlerer Hitze in einem kleinen Topf schmelzen. Nussmus oder Tahin einrühren, den Topf vom Herd nehmen, die Banane und nach Belieben das Lucumapulver hinzufügen.

5 Zur Amarant-Mischung geben und vermengen. Gleichmäßig auf dem Backblech verstreichen, dabei mit einem Löffelrücken herunterdrücken. 45 Minuten backen. Bleibt an einem hineingesteckten Holzstäbchen nichts mehr haften, sind die Riegel fertig gebacken. Das Blech auf einen Rost stellen und das Ganze 10 Minuten abkühlen lassen.

6 Mit der Konfitüre bestreichen, mit Gojibeeren, Mandeln und Pistazien bestreuen und diese fest andrücken. Vollständig auskühlen lassen, dann in Riegel teilen.

Pro Stück: **Kalorien** 229 · **Fett** 11,9 g · **Kohlenhydrate** 26 g · **Zucker** 12,5 g · **Natrium** 22 mg · **Ballaststoffe** 4,6 g · **Protein** 5,7 g

Chia-Konfitüre

Schmeckt in einem Parfait genauso gut wie in Overnight Oats oder pur auf Toast. Für die Konfitüre eignen sich alle Früchte und Beeren.

1 Zuerst die Früchte vorbereiten. Nicht schälen, nur klein schneiden. Sie brauchen 150 g insgesamt. Mit 2 EL Ahornsirup in einen Topf geben und bei mittlerer Hitze 5 Minuten kochen, bis die Masse sprudelt.

2 Topf vom Herd nehmen, die Früchte mit einer Gabel zerdrücken, 2 EL Chiasamen einrühren.
Bei schwacher Hitze unter gelegentlichem Rühren weitere 5 Minuten köcheln lassen.

3 Topf wieder vom Herd nehmen. 1 EL Zitronensaft unterrühren und die Konfitüre in ein Glas geben. Auskühlen lassen, dann verschließen. Das Rezept ergibt etwa 120 ml. Im Kühlschrank hält sich die Konfitüre 1 Woche.

Göttlicher grüner SAFT

Dieser Saft bringt Ihr Immunsystem in Schwung. Haben Sie Schwierigkeiten, sich zu konzentrieren? Oder braucht Ihr Gedächtnis einen Kick? Dann geben Sie Matchapulver hinzu!

FÜR 2 PERSONEN

60 g Blattspinat
45 g Grünkohl
175 g Knollensellerie
500 g Salatgurke
100 g Brokkoli (Röschen und Stiel)
2 EL Zitronensaft
85 g Avocado-Fruchtfleisch
15 g Brunnenkresse
1 TL Matchapulver (nach Belieben)
Rohhonig zum Süßen

1 Spinat, Grünkohl, Sellerie, Salatgurke und Brokkoli grob hacken, dann mithilfe eines Entsafters den Saft auspressen.

2 Die Flüssigkeit mit Zitronensaft, Avocado, Brunnenkresse und nach Belieben Matchapulver in einen Mixer oder eine Küchenmaschine geben und glatt pürieren.

3 Nach Geschmack mit Rohhonig süßen, den Saft in zwei Gläser gießen und servieren.

Super Tipp

Noch mehr Vitamin C enthält der Drink, wenn Sie 200 ml Ananassaft unterrühren.

Pro Portion: **Kalorien** 146 · **Fett** 9,8 g · **Kohlenhydrate** 7,2 g · **Zucker** 6,2 g · **Natrium** 122 mg · **Ballaststoffe** 8,9 g · **Protein** 7,1 g

SMOOTHIES TO GO

Es gibt keine bessere Möglichkeit, Obst und Gemüse zu sich zu nehmen, als ein nährstoffreiches püriertes Getränk. Diese Mahlzeiten aus dem Glas sind der perfekte Energie-Kick zum Mitnehmen.

ZUBEREITUNG

1 Alle Zutaten in einen Mixer oder eine Küchenmaschine geben und glatt pürieren.

2 In zwei Gläser gießen und sofort trinken. Oder in zwei verschließbare Gläser füllen und mitnehmen.

Papaya & Möhre

Sie träumen von einem makellosen Teint? Die vielen Antioxidanzien in der Papaya schützen die Haut vor Schäden durch freie Radikale.

FÜR 2 PERSONEN

ZUTATEN

350 g Papayafruchtfleisch, entkernt

240 ml Möhrensaft (entsaftet aus ca. 550 g Möhren)

100 g Banane, klein geschnitten

2 EL Limettensaft

1 TL fein gehackter frischer Ingwer

¼ TL gemahlene Kurkuma

½ TL Baobabpulver (nach Belieben)

Pro Portion: **Kalorien** 149 · **Fett** 0,4 g · **Kohlenhydrate** 38,3 g · **Zucker** 28,2 g · **Natrium** 68 mg · **Ballaststoffe** 4,6 g · **Protein** 3,1 g

Beeren & Rote Bete

Rote Bete entgiftet und hilft beim Abnehmen. Hier wird sie mit dem Superfood Heidelbeeren kombiniert.

FÜR 2 PERSONEN

ZUTATEN

100 g Heidelbeeren

100 g Himbeeren

125 g ungegarte Rote Bete, fein gehackt

30 g Spinat

1 TL fein gehackter frischer Ingwer

1 TL gemahlener Zimt

200 ml Wasser

½ – 1 TL Spirulinapulver (nach Belieben)

Rohhonig zum Süßen

Pro Portion: **Kalorien** 73 · **Fett** 0,5 g
Kohlenhydrate 14,7 g · **Zucker** 12 g
Natrium 69 mg · **Ballaststoffe** 4,9 g · **Protein** 3,7 g

Wassermelone & Fenchel

Wassermelone ist absolut empfehlenswert, vor allem nach einem Workout, denn ihre Aminosäuren schützen vor Muskelkater.

FÜR 2 PERSONEN

ZUTATEN

400 g Wassermelonen-Fruchtfleisch, grob gehackt

200 g Fenchel, grob gehackt

50 g Erdbeeren

1 EL Chiasamen

1 EL Basilikumblätter

1 EL Minzeblätter

1 EL Limettensaft

1 TL Macapulver (nach Belieben)

Pro Portion: **Kalorien** 160 · **Fett** 5,5 g
Kohlenhydrate 25,8 g · **Zucker** 18,1 g
Natrium 21 mg · **Ballaststoffe** 9,8 g · **Protein** 4,7 g

BEEREN-CHIA-SMOOTHIE-BOWL

Nehmen Sie einen traditionellen Smoothie-Mix und geben Sie Ihr Lieblingsobst sowie eine Kombination aus Samen und Cerealien darauf. Ihr Körper wird es Ihnen danken!

FÜR 2 PERSONEN

100 g Himbeeren (frisch oder TK)

100 g Heidelbeeren (frisch oder TK)

200 ml Nussmilch (siehe Seite 27)

1 kleine reife Banane

50 g Avocado-Fruchtfleisch

2 EL Chiasamen

2 EL Açaípulver (nach Belieben)

FÜR DAS TOPPING

½ kleine Mango, geschält und in Scheiben geschnitten

1 EL Mandelblättchen

20 g Himbeeren

1 EL Kürbiskerne

1 EL getrocknete Maulbeeren

1 Die Smoothie-Zutaten in einen Mixer oder eine Küchenmaschine geben und glatt pürieren. Anschließend auf zwei Schälchen verteilen.

2 Die Mangoscheiben sternartig auf die eine Seite legen, dann Mandelblättchen, Himbeeren, Kürbiskerne und Maulbeeren streifenweise auf der anderen Seite arrangieren.

Super *Tipp*

Noch mehr Antioxidanzien enthält die Bowl, wenn Sie Himbeeren und Heidelbeeren durch dieselbe Menge Açaí-Fruchtpüree (TK) ersetzen.

Pro Portion: **Kalorien** 616 · **Fett** 40,7 g · **Kohlenhydrate** 55,6 g · **Zucker** 31,5 g · **Natrium** 35 mg · **Ballaststoffe** 25,9 g · **Protein** 15,8 g

Tropische SMOOTHIE-BOWL

Wenn der Himmel grau ist und Sie das Gefühl haben, Ihr Immunsystem benötigt eine Stärkung, dann probieren Sie diese Bowl! Sie vereint Vitamin C und entzündungshemmende Wirkstoffe.

FÜR 2 PERSONEN

150 g Mango-Fruchtfleisch

75 g Ananas-Fruchtfleisch

75 g Papaya-Fruchtfleisch

200 ml Orangensaft, frisch gepresst (oder Fertigprodukt)

2 EL Hanfsamen

¼ TL gemahlene Kurkuma

1 EL Lucumapulver (nach Belieben)

FÜR DAS TOPPING

Samen von ½ Passionsfrucht

½ Kiwi, geschält und gewürfelt

1 EL Kokoschips

1 kleine Scheibe Papaya, in Stücke geschnitten

1 TL Blütenpollen (Internethandel, nach Belieben)

1 EL Cashewkerne

1 TL Gojibeeren

1 kleine Scheibe Wassermelone, in Stücke geschnitten

1 Das Obst, den Saft, die Samen und die Gewürze in einen Mixer oder in eine Küchenmaschine geben und glatt pürieren.

2 Dann in zwei Schälchen gießen und die Topping-Zutaten streifenweise darauf verteilen.

GUT gegen GRIPPE und ERKÄLTUNG

Pro Portion: **Kalorien** 475 · **Fett** 22,1 g · **Kohlenhydrate** 56,5 g · **Zucker** 40,4 g · **Natrium** 21 mg · **Ballaststoffe** 8,2 g · **Protein** 17 g

Apfel-Grünkohl-SMOOTHIE-BOWL

Für einen Smoothie ist Grünkohl eine gute Wahl, was die Nährstoffe angeht. Falls Ihnen sein Geschmack nicht zusagt, hier noch eine gute Nachricht: Bei diesem Rezept dominiert der Apfel.

FÜR 2 PERSONEN

100 g Grünkohl, ohne grobe Stiele

1 Apfel, ungeschält, entkernt, gehackt

50 g Avocado-Fruchtfleisch

30 g Alfalfasprossen

1 kleine reife Banane

150 g Erdbeeren (frisch oder TK)

150 ml Mandelmilch (siehe Nussmilch, Seite 27)

1 TL Moringapulver (nach Belieben)

Rohhonig zum Süßen (nach Belieben)

FÜR DAS TOPPING

20 g Heidelbeeren

1 TL Sesam

1 EL Granatapfelkerne

20 g Apfel, ungeschält, gewürfelt

20 g Himbeeren

1 TL Sonnenblumenkerne

1 Smoothie-Zutaten, bis auf den Honig, in einen Mixer oder in eine Küchenmaschine geben und glatt pürieren. Nach Belieben mit dem Honig süßen.

2 Den Smoothie in zwei Schälchen geben, anschließend die Topping-Zutaten streifenweise darauf anrichten.

Zum Frühstück schon **3 VON 5 PORTIONEN OBST AM TAG**

Pro Portion: **Kalorien** 248 · **Fett** 9,8 g · **Kohlenhydrate** 35,9 g · **Zucker** 31,9 g · **Natrium** 27 mg · **Ballaststoffe** 8,5 g · **Protein** 6,7 g

OVERNIGHT OATS

Rühren Sie am Abend einfach die Zutaten zusammen, legen Sie sich schlafen, während das Frühstück sich selbst zubereitet. Overnight Oats gelingen über Nacht.

ZUBEREITUNG

1 Die Grundzutaten in ein Glas geben, gut vermengen, dann abdecken und etwa 8 Stunden kalt stellen.

2 Am nächsten Morgen die Zutaten für das Topping daraufgeben – und genießen.

Super Tipp

Wer ein warmes Frühstück bevorzugt, kann das Ganze erwärmen, bevor die Toppings dazukommen.

Waldfrüchte & Leinsamen

Leinsamen, Walnüsse und Gojibeeren ergeben ein proteinreiches Frühstück. In den Beeren stecken Anti-Aging-Antioxidanzien.

FÜR 1 PERSON

GRUNDZUTATEN

50 g Haferflocken

150 ml Mandelmilch (siehe Nussmilch, Seite 27)

60 g Heidelbeeren

1 EL Gojibeeren

1 EL Gold-Leinsamen

20 g Walnusskerne, gehackt

1 TL gemahlener Zimt

1 TL Baobabpulver (nach Belieben)

FÜR DAS TOPPING

30 g Brombeeren

30 g Heidelbeeren

30 g Himbeeren

2 TL Blütenpollen (Internethandel, nach Belieben)

Rohhonig zum Süßen

Pro Portion: **Kalorien** 550 · **Fett** 26,8 g · **Kohlenhydrate** 62,6 g · **Zucker** 25,8 g · **Natrium** 13 mg · **Ballaststoffe** 19,5 g · **Protein** 18,4 g

Erdnussbutter, Ahornsirup & Banane

Wie Avocados und Olivenöl enthält auch Erdnussbutter gesunde Fette. Zusätzliche Energie liefert Macapulver.

FÜR 1 PERSON

GRUNDZUTATEN

- 50 g Haferflocken
- 150 ml Mandelmilch (siehe Nussmilch, Seite 27)
- 1 EL Chiasamen
- 1 EL Ahornsirup
- 1 TL Macapulver (nach Belieben)

FÜR DAS TOPPING

- 30 g ungesalzene Erdnussbutter
- ½ Banane, in Scheiben
- 1 EL Quinoa-Buchweizen-Müsli (siehe Seite 32) oder ein gutes Fertigprodukt
- 4 Erdbeeren, in Scheiben
- 1 TL Kakaonibs
- Rohhonig zum Süßen

Pro Portion: **Kalorien** 810 · **Fett** 38,8 g · **Kohlenhydrate** 98,1 g · **Zucker** 45,2 g · **Natrium** 126 mg · **Ballaststoffe** 20,8 g · **Protein** 22,3 g

Apfel, Kardamom & Granatapfel

Nüsse und Samen setzen nur langsam Energie frei, so gibt es keinen Blutzucker-Abfall am Vormittag.

FÜR 1 PERSON

GRUNDZUTATEN

- 50 g Haferflocken
- 100 ml Apfelsaft
- 60 g Apfel, ungeschält, entkernt, gerieben
- 1 EL Hanfsamen
- 20 g Mandeln
- ¼ TL gemahlener Kardamom
- 1 TL Rote-Bete-Pulver oder 1 EL Rote-Bete-Saft
- 1 TL Açaípulver (nach Belieben)

FÜR DAS TOPPING

- 2 EL Granatapfelkerne
- ¼ Apfel, ungeschält, entkernt, in Scheiben
- 2 EL Pistazien, grob gehackt
- Rohhonig zum Süßen

Pro Portion: **Kalorien** 630 · **Fett** 35,2 g · **Kohlenhydrate** 58,6 g · **Zucker** 31,6 g · **Natrium** 98 mg · **Ballaststoffe** 9,7 g · **Protein** 21,1 g

Schoko-Haselnuss-PORRIDGE

Ja, Sie können Schokolade zum Frühstück essen. Kakao ist Schokolade in ihrer natürlichen Form und liefert Antioxidanzien und Wohlfühl-Serotonin. Manchmal ist das, was man liebt, auch gut.

FÜR 2 PERSONEN

60 g Haferflocken

350 ml Haselnussmilch (siehe Nussmilch, Seite 27), plus mehr nach Bedarf

75 g Banane in Scheiben

2 EL Ahornsirup

1 TL Roh-Kakaopulver

1 EL Haselnüsse, grob gehackt

FÜR DAS TOPPING

1 EL Haselnüsse, grob gehackt

1 EL Kakaonibs, grob gehackt

½ Banane, in Scheiben

Ahornsirup zum Süßen (nach Belieben)

1 Haferflocken, Haselnussmilch, Banane, Ahornsirup, Kakaopulver und Haselnüsse in einen Topf geben und erhitzen. Allmählich zum Kochen bringen, dabei die ganze Zeit mit einem Holzlöffel rühren.

2 Die Temperatur herunterschalten und die Mischung 5 Minuten köcheln lassen. Dabei oft umrühren, bis der Porridge die gewünschte Konsistenz hat (soll er flüssiger sein, mehr Haselnussmilch zugeben).

3 Den Porridge in Schälchen füllen, mit den Topping-Zutaten bestreuen, nach Belieben mit etwas Ahornsirup beträufeln und sofort servieren.

Pro Portion: **Kalorien** 397 · **Fett** 15,1 g · **Kohlenhydrate** 60 g · **Zucker** 40,6 g · **Natrium** 4 mg · **Ballaststoffe** 5,6 g · **Protein** 7,1 g

Super *Tipp*

Mit einem Stößel lassen sich Nüsse und Nibs zerdrücken. Oder Sie stecken sie in einen Gefrierbeutel und zerkleinern sie mithilfe einer Teigrolle.

Quinoa-Beeren-PORRIDGE

Dieser Porridge, reich an Protein und Antioxidanzien, gibt Ihnen den ganzen Vormittag über Energie.

FÜR 1 PERSON

50 g Quinoa Tricolore
250 ml Mandelmilch (siehe Nussmilch, Seite 27)
Ahornsirup oder Rohhonig zum Süßen
20 g Heidelbeeren
30 g Himbeeren
40 g Brombeeren
1 EL Gojibeeren
1 EL Mandelblättchen
1 TL Gold-Leinsamen
1 Prise gemahlener Zimt
1 EL Açaípulver (nach Belieben)

1 Für den Quinoa-Porridge die Quinoa in einem Sieb abspülen und in einen Topf geben. Die Mandelmilch zugeben und zum Kochen bringen.

2 Die Hitze reduzieren und die Quinoa-Mischung offen 25 Minuten köcheln, bis die Flüssigkeit eingekocht ist. Dabei ab und zu umrühren.

3 Zum Süßen Ahornsirup oder Honig einrühren.

4 Quinoa-Porridge in eine Bowl füllen. Beeren, Mandelblättchen und Samen hinzufügen.

5 Zum Schluss mit dem Zimt bestreuen und nach Belieben Açaípulver dazugeben.

Vorbereitung

Kochen Sie den Porridge im Voraus, im Kühlschrank hält er sich 4 Tage. Wärmen Sie ihn auf und geben Sie dann die Toppings dazu.

Pro Portion: **Kalorien** 522 · **Fett** 31,1 g · **Kohlenhydrate** 44,5 g · **Zucker** 12,3 g · **Natrium** 60 mg · **Ballaststoffe** 16,1 g · **Protein** 18,8 g

Super *Tipp*

Rühren Sie 1 EL Açaípulver unter den Porridge – das bringt viele Antioxidanzien.

Powerkorn-
PORRIDGE MIT BIRNE

Powerkörner liefern wertvolle pflanzliche Inhaltsstoffe und reichlich Protein. So tanken Sie nachhaltig Energie.

FÜR 1 PERSON

1 EL Hirse

1 EL Amarant

1 EL geschälter Buchweizen

1 EL Quinoa

200 ml Mandelmilch (siehe Nussmilch, Seite 27), plus mehr nach Bedarf

1 kleine reife Birne, geschält, entkernt

1 EL Granatapfelkerne

1 EL Pistazien, grob gehackt

1 EL Cashewcreme (nach Belieben; siehe Seite 26)

1 Prise gemahlener Zimt

Rohhonig zum Süßen

1 Hirse, Amarant, Buchweizen und Quinoa mischen und über Nacht in der doppelten Menge Wasser einweichen. Am Morgen abgießen und gut abspülen.

2 Die Mischung mit der Mandelmilch in einen Topf geben und aufkochen. Die Hitze reduzieren, alles unter gelegentlichem Rühren 15 Minuten sanft köcheln lassen, bis die meiste Milch eingekocht ist und die Powerkörner weich sind. Sie behalten dennoch mehr Textur und Biss als Haferflocken.

3 Soll der Porridge flüssiger werden, noch etwas mehr Mandelmilch zugeben.

4 Die Hälfte der Birne mit einer Gabel grob zerdrücken und unter den Porridge rühren. Restliche Birne in Stücke schneiden.

5 Den Porridge in ein Schälchen füllen und Birnenstücke, Granatapfelkerne und Pistazien daraufgeben. Nach Belieben etwas Cashewcreme daraufgeben und alles mit dem Zimt bestreuen. Mit Honig süßen.

Pro Portion: **Kalorien** 383 · **Fett** 13,8 g · **Kohlenhydrate** 55,6 g · **Zucker** 14,1 g · **Natrium** 103 mg · **Ballaststoffe** 6,6 g · **Protein** 10,5 g

Möhren-Muffins MIT APRIKOSEN

Gekeimte Kürbiskerne machen diese vollwertigen Muffins knusprig, geriebene Möhren sorgen dafür, dass sie saftig werden.

ERGIBT 12 STÜCK

175 g Vollkornmehl
1 TL Backpulver
½ TL Backnatron
1 TL gemahlener Zimt
¼ TL gemahlene Muskatnuss
¼ TL gemahlener Ingwer
70 g brauner Zucker
60 g getrocknete Aprikosen, fein gehackt, plus mehr für den Belag
30 g Kürbiskernsprossen (siehe Seite 20), plus mehr für den Belag
1 Ei (Größe L)
175 ml Milch
50 g Kokosöl, geschmolzen, abgekühlt
1 ½ kleine Möhren, geputzt, fein gerieben

1 Backofen auf 220 °C Ober-/Unterhitze (200 °C Umluft) vorheizen. Die Mulden einer 12er-Muffinform mit Papierförmchen auskleiden. Mehl, Backpulver, Backnatron, Zimt, Muskat, Ingwer und Zucker in einer großen Schüssel mit einem Schneebesen verrühren. Danach die getrockneten Aprikosen und die Kürbiskernsprossen gut unterrühren.

2 Ei, Milch und Kokosöl in einer zweiten Schüssel gut verrühren.

3 In die Mitte der Mehlmischung eine Vertiefung drücken und die flüssigen Zutaten in die Mulde gießen. So lange rühren, bis sich alle Zutaten miteinander verbunden haben, dann die geriebenen Möhren untermengen.

4 Den Teig gleichmäßig auf die Förmchen verteilen, mit Aprikosenstücken und Kürbiskernsprossen bestreuen. Anschließend die Muffins in 15–20 Minuten goldgelb backen.

5 Die Muffins in der Form mindestens 5 Minuten abkühlen lassen, dann auf ein Kuchengitter setzen und warten, bis sie vollständig ausgekühlt sind. Am besten schmecken sie, wenn man sie noch am gleichen Tag isst.

Keim-Zeit …

Kürbiskerne
Einweichen: 2–3 Stunden
Keimen: 1 Tag

Pro Stück: **Kalorien** 156 · **Fett** 6,5 g · **Kohlenhydrate** 19 g · **Zucker** 9 g · **Natrium** 108 mg · **Ballaststoffe** 2,5 g · **Protein** 4 g

Süßes Kokosbrot
MIT BEEREN-COULIS

Das Brot muss eine Stunde in den Ofen, backen Sie es also einen Tag im Voraus. Luftdicht verpackt hält es sich eine Woche, und es schmeckt auch getoastet.

ERGIBT 1 BROT / 16 SCHEIBEN

85 g Kokosmehl
85 g Vollkornreismehl
2 TL Backpulver
2 TL gemahlener Zimt
125 g Kokosraspel
75 g Kokosöl
150 ml Ahornsirup
3 Eier, verquirlt
300 ml Nussmilch (siehe Seite 27)
Mark von 1 Vanilleschote

FÜR DIE BEEREN-COULIS

150 g Beeren (frisch oder TK)

FÜR DAS TOPPING

500 g Naturjoghurt
150 g frische Beeren
75 g Walnusskerne, gehackt
Rohhonig zum Süßen

1 Backofen auf 180 °C Ober-/Unterhitze (160 °C Umluft) vorheizen. Eine Kastenform (ca. 20 cm lang) mit Backpapier auslegen.

2 Beide Mehlsorten, Backpulver, Zimt und Kokosraspel in einer Schüssel mischen.

3 Öl und Sirup in einen kleinen Topf geben und sanft erhitzen. Zur Mehlmischung geben und unterrühren.

4 In einer weiteren Schüssel Eier, Nussmilch und Vanillemark verrühren. Anschließend gründlich unter die Mehl-Sirup-Mischung arbeiten.

5 Den Teig in die Kastenform geben und das Brot in 1 Stunde goldgelb backen. Bleibt an einer hineingesteckten Messerspitze kein Teig mehr kleben, ist das Brot fertig. 10 Minuten in der Form abkühlen lassen. Dann aus der Form lösen und auf einem Kuchengitter vollständig auskühlen lassen.

6 Für die Coulis die Beeren mit ½ EL Wasser aufkochen. Temperatur herunterschalten und die Beeren bei schwacher Hitze 5 Minuten köcheln lassen, dann mit einer Gabel zerdrücken.

7 Die Brotscheiben leicht toasten, dann mit Beeren-Coulis und Topping-Zutaten servieren.

Pro Scheibe: **Kalorien** 230 · **Fett** 15,8 g · **Kohlenhydrate** 15,5 g · **Zucker** 10,3 g
Natrium 102 mg · **Ballaststoffe** 5,2 g · **Protein** 5,8 g

Pikante Hafer-POWER-BOWL

Haferflocken stellen dem Körper ihre Energie nach und nach zur Verfügung. So bleiben Sie stundenlang satt.

FÜR 1 PERSON

50 g Haferflocken

½ TL gemahlene Kurkuma

120 ml Mandelmilch (siehe Nussmilch, Seite 27)

Salz

50 g Rotkohl, geraspelt

40 g schwarze Bohnen (aus der Dose)

1 Handvoll junger Spinat, grob gehackt

½ Avocado, geschält, entkernt und in Würfel geschnitten

1–2 TL Haselnuss-Dukkah (siehe Seite 26)

frisch gemahlener schwarzer Pfeffer

Sesamöl (nach Belieben)

1 Die Haferflocken mit Kurkuma, Mandelmilch, 100 ml Wasser und 1 Prise Salz in einen Topf geben und zum Kochen bringen. Die Hitze reduzieren und die Mischung 5–7 Minuten offen köcheln lassen, bis die Flüssigkeit eingekocht ist. Topf vom Herd nehmen und beiseitestellen.

2 Rotkohl und Bohnen in einen Dampfgarer legen und 5 Minuten garen. Oder ausreichend Wasser in einen Topf mit Dämpfeinsatz geben, das Gemüse in den Einsatz legen (das Wasser darf das Gemüse nicht berühren), den Deckel aufsetzen und das Wasser zum Kochen bringen. Die Hitze reduzieren und das Gemüse 5 Minuten garen.

3 Inzwischen den Spinat in die Haferflocken-Mischung geben und 5 Minuten darin ziehen lassen, bis die Blätter in sich zusammengefallen sind.

4 Die Spinat-Haferflocken-Mischung in eine Schüssel füllen, Rotkohl, Bohnen, Avocado und Dukkah daraufgeben.

5 Mit Salz und Pfeffer würzen und nach Belieben mit etwas Sesamöl beträufeln.

Pro Portion: **Kalorien** 578 · **Fett** 30,6 g · **Kohlenhydrate** 61 g · **Zucker** 8,9 g **Natrium** 232 mg · **Ballaststoffe** 18,1 g · **Protein** 19,4 g

Im Voraus zubereitet …

Bereiten Sie Dukkah (siehe Seite 26) im Voraus zu. Luftdicht verpackt hält sich die Mischung 2 Monate im Kühlschrank.

Rühreier mit GRÜNKOHL & BOHNEN

Eier zählen mit ihrem Protein und Vitamin B_{12} zu den nährstoffreichsten Lebensmitteln. Kein Wunder also, dass Experten empfehlen, täglich ein Ei zu essen.

FÜR 2 PERSONEN

35 g Grünkohl, ohne grobe Stiele, fein gehackt

4 EL vorgegarte schwarze Bohnen (aus der Dose)

2 Scheiben Quinoa-Supersamen-Brot (siehe Seite 70) oder ein vergleichbares Brot vom Bäcker

1 TL Kokosöl

2 Eier

2 EL Hummus (siehe Seite 26)

1 Spritzer Limettensaft

Salz und frisch gemahlener schwarzer Pfeffer

1 Prise Cayennepfeffer (nach Belieben)

1 Grünkohl und Bohnen in einen Dampfgarer geben und auf hoher Stufe dämpfen, bis der Grünkohl zusammenfällt – das dauert etwa 4 Minuten. Oder ausreichend Wasser in einen Topf mit Dämpfeinsatz geben, das Gemüse in den Einsatz legen (das Wasser darf das Gemüse nicht berühren), einen Deckel aufsetzen (den Deckel während des Garvorgangs nicht öffnen!) und das Wasser zum Kochen bringen. Die Hitze reduzieren und das Gemüse garen.

2 Inzwischen das Brot unter dem Backofengrill rösten.

3 Das Öl in einer kleinen Pfanne erhitzen. Die Eier in die Pfanne geben und bei mittlerer Hitze unter gelegentlichem Rühren stocken lassen.

4 Das Brot mit dem Hummus bestreichen, dann Grünkohl und Bohnen darauflegen. Mit Limettensaft beträufeln, dann das Rührei darauf anrichten. Mit Salz, Pfeffer und nach Belieben mit Cayennepfeffer würzen.

Pro Portion: **Kalorien** 512 · **Fett** 20,7 g · **Kohlenhydrate** 59,7 g · **Zucker** 6 g · **Natrium** 615 mg · **Ballaststoffe** 10,5 g · **Protein** 26,1 g

Super Tipp

Anstelle der schwarzen Bohnen können Sie auch gegarte Cannellini-, Pinto- oder Adzukibohnen nehmen. Sie schmecken ebenso gut.

Heidelbeer-HAFER-PANCAKES

Variieren Sie diese Pancakes nach Belieben! Rühren Sie für einen herzhaften Touch statt der Heidelbeeren geriebene Möhren in den Teig und verwenden Sie Gemüse, Samen und Kerne als Belag.

ERGIBT 6 KLEINE PANCAKES/ FÜR 2 PERSONEN

60 g Haferflocken
2 Eier
100 g Hüttenkäse
1 TL gemahlener Zimt
¼ TL Backpulver
1 TL Macapulver (nach Belieben)
50 g Heidelbeeren
1–2 TL Kokosöl

FÜR DAS TOPPING

85 g Heidelbeeren
2 EL Kürbiskerne
2 EL Pekannüsse, grob gehackt
2 TL Kakaonibs, gehackt
Ahornsirup oder Rohhonig zum Süßen
125 g Naturjoghurt

1 Haferflocken, Eier, Hüttenkäse, Zimt, Backpulver und nach Belieben Macapulver im Mixer oder in der Küchenmaschine zu einem glatten Teig verarbeiten.

2 Den Teig in eine Rührschüssel geben, die Heidelbeeren vorsichtig unterheben. Danach 10 Minuten ruhen lassen, der Teig dickt dabei ein.

3 1 TL Kokosöl in einer Pfanne erhitzen. 2 EL Teig pro Pancake hineingeben und 1 cm dick verstreichen (falls nötig, die Pancakes in mehreren Portionen fertigstellen und weiteres Kokosöl zugeben). In 3–4 Minuten bei mittlerer Hitze goldgelb backen. Mit einem Pfannenheber wenden und 3–4 Minuten von der anderen Seite backen.

4 Auf Tellern anrichten, mit Heidelbeeren, Kernen, Nüssen und Kakaonibs bestreuen, mit Sirup oder Honig beträufeln. Den Naturjoghurt dazu servieren.

Pro Portion: **Kalorien** 803 · **Fett** 56,8 g · **Kohlenhydrate** 42,8 g · **Zucker** 19,5 g
Natrium 338 mg · **Ballaststoffe** 9,2 g · **Protein** 31,5 g

FRÜHSTÜCKS-DESSERTS

Wenn Sie gern cremige Schichtdesserts mögen, werden Sie diese Superfood-Desserts lieben. Sie verzaubern jeden Morgen.

ZUBEREITUNG

1 Die Zutaten abwechselnd in ein Glas schichten, aber Platz für das Topping lassen.

2 Zum Schluss die Topping-Zutaten daraufstreuen.

Super *Tipp*

Sie essen keine Milchprodukte? Das macht gar nichts! Denn die Desserts schmecken auch sehr lecker mit Joghurtalternativen.

Müsli & Beeren

Erdbeeren helfen gegen Müdigkeit: Dank ihres hohen Vitamin-C-Gehalts kann der Körper Eisen besser aufnehmen.

FÜR 1 PERSON

Schicht-Zutaten

100 g Erdbeeren, gewürfelt

75 g Quinoa-Buchweizen-Müsli (siehe Seite 32) oder ein entsprechendes Fertigprodukt

135 g griechischer Joghurt

75 g Brombeer-Chia-Konfitüre (siehe Chia-Konfitüre, Seite 37)

Für das Topping

1 TL Sonnenblumenkerne

1 TL Kakaonibs, gehackt

Rohhonig zum Süßen

Pro Portion: **Kalorien** 640 · **Fett** 35 g
Kohlenhydrate 66,6 g · **Zucker** 38,4 g
Natrium 230 mg · **Ballaststoffe** 14,7 g · **Protein** 19,2 g

Mandel & Pfirsich

Probieren Sie diesen Vital-Joghurt auch mal mit ein wenig zusätzlichem Vanillemark.

FÜR 1 PERSON

Schicht-Zutaten

135 g griechischer Joghurt

75 g Heidelbeeren

2 EL Mandelblättchen

2 EL Cashewkerne

1 Pfirsich, entsteint und gewürfelt

Für das Topping

4 Himbeeren

1 TL Hanfsamen

Rohhonig zum Süßen

Pro Portion: **Kalorien** 443 · **Fett** 28,5 g · **Kohlenhydrate** 31,4 g · **Zucker** 24,9 g · **Natrium** 209 mg · **Ballaststoffe** 5,2 g · **Protein** 17,1 g

Orange & Pistazien

Der Mix aus Aromen macht hellwach. Enthalten sind ballaststoff- und proteinreiche Pistazien, die zudem viel Kalium bieten.

FÜR 1 PERSON

Schicht-Zutaten

1 große Orange, geschält, in kleine Stücke geschnitten

135 g Quark oder griechischer Joghurt

30 g Pistazien, grob gehackt

1 Kiwi, geschält und gewürfelt

75 g Brombeer-Chia-Konfitüre (siehe Chia-Konfitüre, Seite 37)

Für das Topping

1 TL Kürbiskerne

1 TL Chiasamen

Rohhonig zum Süßen

Pro Portion: **Kalorien** 581 · **Fett** 32,8 g · **Kohlenhydrate** 56,7 g · **Zucker** 44,1 g · **Natrium** 368 mg · **Ballaststoffe** 18,2 g · **Protein** 19,6 g

MITTAGESSEN

Zeit für eine kleine Mahlzeit!

Wer mittags nährstoffreich isst, hält sein Herz gesund, kann sich besser konzentrieren und hat Energie bis zum Abend.

Mit einem selbst gebackenen Quinoa-Brot wird aus einer einfachen Schnitte ein Superfood …

… oder Sie nehmen sich einfach einen Edamame-Proteintopf mit!

Körper und Geist werden Ihnen für diesen Power-Kick danken.

In diesem Kapitel finden Sie köstliche Rezepte, die Sie inspirieren, gesunde Mittagsmahlzeiten in Ihre Ernährung einzubauen …

Quinoa-SUPERSAMEN-BROT

Samen und Kerne liefern Protein und jede Menge Omega-3-Fettsäuren, deshalb sind sie so gesund. Zusätzlich bereichern sie das Brot mit diversen Aromen und Biss.

ERGIBT 1 BROT/15 SCHEIBEN

300 g Quinoa (Einweichgewicht 500 g)
Salz
2 EL Ahornsirup
200 g Buchweizenmehl
1 EL Backpulver
1 EL Macapulver (nach Belieben)
50 g Leinsamen
50 g Kürbiskerne
50 g Sonnenblumenkerne
2 Eier, verquirlt
3 EL gemischte Samen zum Bestreuen

1 Die Quinoa mit 2 TL Salz 8 Stunden in der doppelten Menge Wasser einweichen, anschließend abgießen und in einem Sieb abspülen. Abtropfen lassen.

2 Den Backofen auf 180 °C vorheizen. Inzwischen eine Kastenform (ca. 20 cm lang) mit Backpapier auslegen.

3 Die Quinoa mit dem Ahornsirup in eine Küchenmaschine oder einen Mixer geben und zu einer glatten Masse verarbeiten.

4 Mehl, Backpulver, ½ TL Salz und nach Belieben Macapulver hinzufügen und so lange rühren, bis das Ganze eine homogene Konsistenz hat. Nach und nach 240 ml Wasser einarbeiten.

5 Den Teig in eine große Rührschüssel geben, Samen und Kerne unterrühren, dann die Eier unterrühren. Den Teig in die vorbereitete Form füllen und mit den extra Samen bestreuen.

6 Das Brot in 1 Stunde goldgelb backen. Bleibt an einer hineingesteckten Messerspitze kein Teig mehr kleben, ist es fertig.

7 Das Brot 5 Minuten in der Form abkühlen lassen, dann aus der Form nehmen und auf einem Kuchengitter vollständig auskühlen lassen. Erst danach in Scheiben schneiden.

Pro Scheibe: **Kalorien** 223 · **Fett** 9,1 g · **Kohlenhydrate** 29,2 g · **Zucker** 4,3 g · **Natrium** 336 mg · **Ballaststoffe** 2,8 g · **Protein** 8,1 g

Super Tipp

Auf den folgenden Seiten finden Sie Serviervorschläge für das Brot, es schmeckt auch mit Chia-Konfitüre *(siehe Seite 37).*

Avocado-Nori-NUSSCREME-TOASTS

Jede einzelne Zutat ist hier ein Star. Avocados enthalten gesunde Fette, Nori sind reich an Mineralien und Paranüsse liefern viel Selen, das unser Immunsystem stärkt.

FÜR 3 PERSONEN

6 Scheiben Quinoa-Supersamen-Brot (siehe Seite 70) oder ein vergleichbares Brot vom Bäcker

FÜR DIE NUSSCREME

115 g Paranüsse

2 EL Zitronensaft

1 EL Olivenöl

Salz und frisch gemahlener schwarzer Pfeffer

FÜR DEN BELAG

1½ Avocados, geschält, entkernt und in Scheiben geschnitten

9 Cocktailtomaten, in Scheiben geschnitten

2 EL zerkleinerte Noriblätter

1 EL Sesam

einige Basilikumblättchen

1 Für die Nusscreme die Zutaten in einen Mixer oder eine Küchenmaschine geben und zu einer homogenen Masse verarbeiten. Zwischendurch ausschalten, um Reste vom Rand mit einem Spatel nach unten zu schieben. Nach und nach 2 EL heißes Wasser unterrühren, damit die Creme eine dickliche Konsistenz bekommt. Mit Salz und Pfeffer würzen.

2 Das Brot toasten und mit der Nusscreme bestreichen. Mit Avocado, Tomaten, Nori, Sesam und Basilikum belegen.

Super Tipp

Die Nusscreme kann im Voraus zubereitet werden, im Kühlschrank hält sie sich 1 Woche.

Pro Portion: **Kalorien** 929 · **Fett** 66,4 g · **Kohlenhydrate** 62,4 g · **Zucker** 11 g
Natrium 692 mg · **Ballaststoffe** 12,9 g · **Protein** 24,7 g

Zitronen-Hummus
MIT KORIANDER

Hummus aus gekeimten Kichererbsen hat einen frischen Geschmack. Das Koriander-Topping wertet ihn zusätzlich auf.

FÜR 4 PERSONEN

300 g Kichererbsensprossen (siehe Seite 20)

2 EL Tahin (Sesammus)

4 EL Zitronensaft

2 Knoblauchzehen, gepresst

200 ml Olivenöl

Salz und frisch gemahlener schwarzer Pfeffer

Pitabrotecken oder einige Scheiben Quinoa-Supersamen-Brot (siehe Seite 70)

FÜR DAS TOPPING

60 g Koriandergrün

4 EL Olivenöl

fein abgeriebene Schale von 1 Bio-Zitrone

1 Für den Hummus die Kichererbsen in einen Topf geben und mit kaltem Wasser bedecken. Bei starker Hitze aufkochen, den Schaum von der Oberfläche abschöpfen. Anschließend die Hitze reduzieren und die Kichererbsensprossen offen 20–25 Minuten köcheln lassen, bis sie weich sind. Abgießen und abkühlen lassen, nach Belieben die Häute entfernen (dadurch wird die Hummuskonsistenz glatter).

2 Kichererbsen, Tahin, Zitronensaft, Knoblauch und einen großen Teil des Olivenöls in eine Küchenmaschine geben, Salz und Pfeffer hinzufügen. Das Ganze zu einer glatten Masse verarbeiten. Währenddessen so viel vom restlichen Öl unterrühren, bis der Hummus eine glatte Konsistenz hat. Zum Schluss 1 EL kaltes Wasser unterrühren.

3 Für das Topping alle Zutaten im Mixer glatt pürieren. Den Hummus in eine kleine Servierschüssel füllen, nach Belieben in die Mitte eine Vertiefung drücken, das Topping hineingeben und leicht unterrühren. Dazu warme Pitabrotecken oder Quinoa-Supersamen-Brot servieren.

Keim-Zeit …

Kichererbsen
Einweichen: 8–12 Stunden
Keimen: 3 Tage

Pro Portion: **Kalorien** 571 · **Fett** 54 g · **Kohlenhydrate** 12 g · **Zucker** 0,5 g
Natrium 200 mg · **Ballaststoffe** 5 g · **Protein** 7 g

Sommerrollen mit CHILI-LIMETTEN-SAUCE

Bunte Sprossen sind eine erfrischende Füllung für Sommerrollen. Herzhafter werden sie durch die Zugabe gegarter Garnelen.

ERGIBT 8 ROLLEN

½ milde rote Chilischote, entkernt und fein gehackt

½ Knoblauchzehe, sehr fein geschnitten

2 EL Reisweinessig (Asialaden)

1 EL Limettensaft

1 TL Zucker

1 TL feines Meersalz

30 g Glasnudeln

4 Blatt Reispapier (22 cm Ø)

1 Möhre, geputzt, in 5 cm langen, dünnen Streifen

1 Stück Salatgurke (5 cm), geviertelt, entkernt, in langen, dünnen Streifen

je 1 Handvoll Radieschensprossen und Senfsprossen (siehe Seite 20)

15 g Erbsensprossen (siehe Seite 20)

1 große Handvoll gemischte, gehackte Kräuter (Minze, Koriander, Thai-Basilikum)

1 Für die Sauce Chilischote, Knoblauch, Essig, Limettensaft, Zucker und Salz mit 3 EL warmem Wasser gründlich verrühren. Dann beiseitestellen.

2 Die Glasnudeln in eine Schüssel legen und mit fast kochendem Wasser begießen. 5 Minuten einweichen, dann abgießen und gut abtropfen lassen.

3 1 Blatt Reispapier 10–15 Minuten in warmes Wasser legen. Herausnehmen und auf ein angefeuchtetes sauberes Geschirrtuch legen. Auf das untere Drittel 2 EL Nudeln legen, dazu dieselbe Menge Gemüse und Sprossen geben. Auf jeder Seite 1 cm am Rand frei lassen. Füllung mit den Kräutern bestreuen.

4 Das untere Ende des Reispapiers anheben und über die Füllung legen. Die Seiten einschlagen und über die Füllung legen, aufrollen. Darauf achten, dass die Füllung fest umschlossen ist.

5 Die Rolle mit der Naht nach unten auf einen Servierteller legen und mit einem scharfen Messer vorsichtig halbieren. Mit einem angefeuchteten Geschirrtuch abdecken. Die restlichen Rollen ebenso zubereiten. Sofort mit der Sauce servieren.

Keim-Zeit …

	Radieschensprossen	Senfsprossen
Einweichen	8–12 Stunden	8–12 Stunden
Keimen	4–5 Tage	4–5 Tage

Pro Rolle: **Kalorien** 71 · **Fett** 0 g · **Kohlenhydrate** 15,5 g · **Zucker** 3 g · **Natrium** 363 mg · **Ballaststoffe** 0,5 g · **Protein** 1,5 g

Reis-Edamame-PROTEINTOPF

Schon für sich sind sie großartig, doch als Paar sind Reis und Bohnen eine der besten Proteinquellen überhaupt (auf Augenhöhe mit Fleisch). Hier kommt das dynamische Duo …

FÜR 1 PERSON

4 EL frisch gekochter Natur-Basmatireis

15 g Mix aus Spinat und Brunnenkresse

½ kleine rote Paprikaschote, fein geschnitten

1 Ei, hart gekocht, geviertelt

1 EL frische, gegarte Erbsen

1 EL gegarte Edamame-Bohnen

1 EL geriebene Rote Bete

3 EL Hummus (siehe Seite 26)

2 EL Bohnensprossen

Salz und frisch gemahlener schwarzer Pfeffer

Olivenöl zum Servieren

Apfelessig zum Servieren

1 Den Reis in ein großes Glas geben, dann Spinat und Brunnenkresse, rote Paprika, Ei, Erbsen, Edamame-Bohnen, Rote Bete, Hummus und Sprossen daraufschichten.

2 Mit Salz und Pfeffer würzen und reichlich Olivenöl und Apfelessig daraufträufeln. Den Deckel auf das Glas schrauben, eine Gabel nicht vergessen – und schon ist das leckere Essen fertig zum Mitnehmen.

HÄLT GANZ LANGE SATT

Pro Portion: **Kalorien** 333 · **Fett** 15,6 g · **Kohlenhydrate** 31,1 g · **Zucker** 7,2 g · **Natrium** 508 mg · **Ballaststoffe** 8 g · **Protein** 18,6 g

Körnersalat
MIT RÖSTKÜRBIS

Dieser bunte, herzhafte Salat ist eine komplette Mahlzeit. Nehmen Sie Sprossen nach Wahl, etwa Weizen, Dinkel oder Roggen.

FÜR 6 PERSONEN

- 1 kleiner Eichelkürbis oder 1 anderer Kürbis, gut geschrubbt, trocken getupft
- 4 EL Olivenöl, plus mehr zum Beträufeln
- Salz und frisch gemahlener schwarzer Pfeffer
- 400 g Körnersprossen (siehe Seite 20)
- 2 EL Zitronensaft
- 2 große Handvoll Rucola, grob gehackt
- 2 EL grob gehackte glatte Petersilie
- je 2 EL Kürbiskern- und Sonnenblumenkernsprossen (siehe Seite 20)
- 40 g getrocknete Cranberrys, gehackt
- 30 g Haselnüsse, grob gehackt, geröstet
- 60 g Ziegenkäse, zerbröckelt

1 Den Backofen auf 220 °C Ober-/Unterhitze (200 °C Umluft) vorheizen. Die Kürbisenden abschneiden, den Kürbis halbieren, entkernen und dann in 16 Stücke schneiden (nicht schälen). Die Stücke auf ein Backblech legen, etwas Olivenöl daraufträufeln und die Kürbisstücke wenden, bis sie damit überzogen sind. Mit Salz und Pfeffer würzen. Auf der oberen Einschubleiste 20 Minuten backen, bis sie goldbraun und weich sind, dabei nach der Hälfte der Zeit wenden. Abkühlen lassen und jedes Stück halbieren.

2 Die Körnersprossen in einen Topf geben und mit Wasser bedecken. Zum Kochen bringen, dann die Temperatur herunterschalten und die Sprossen offen in 15 Minuten weich garen. Abgießen, gut abspülen und sehr gut abtropfen lassen.

3 Körnersprossen mit 4 EL Olivenöl und dem Zitronensaft mischen, mit Salz und Pfeffer würzen und gut vermengen. Rucola, Petersilie, Kürbiskern- und Sonnenblumenkernsprossen, Cranberrys und Haselnüsse unterheben. Gerösteten Kürbis zufügen, den Ziegenkäse behutsam unterheben. Lauwarm servieren.

Keim-Zeit …

	Körner-Mix	Samen-Mix
Einweichen	8–12 Stunden	2–3 Stunden
Keimen	2 Tage	1 Tag

Pro Portion: **Kalorien** 419 · **Fett** 19 g · **Kohlenhydrate** 47 g · **Zucker** 6 g · **Natrium** 71 mg · **Ballaststoffe** 6,5 g · **Protein** 12 g

Regenbogen-GEMÜSE-FRITTATA

Diese köstliche Frittata ist ideal, um mehr Gemüse in die tägliche Ernährung einzubauen. Sie enthält Süßkartoffeln, die ihren Zucker nur langsam ans Blut abgeben und so lange satt halten.

FÜR 4 PERSONEN

1 EL Kokos- oder Olivenöl
1 rote Zwiebel, gewürfelt
3 Knoblauchzehen, gepresst
½ TL gemahlener Zimt
½ TL gemahlene Kurkuma
½ TL Paprikapulver
250 g Süßkartoffeln, ungeschält, fein gewürfelt
½ kleine rote Paprikaschote, in feine Streifen geschnitten
50 g Brokkoli, fein gehackt
50 g Erbsen (frisch oder TK)
20 g Blattspinat, ohne grobe Stiele, fein gehackt
20 g Grünkohl, ohne grobe Stiele, fein gehackt
4 Eier
100 ml Mandelmilch (siehe Nussmilch, Seite 27)
Salz und frisch gemahlener schwarzer Pfeffer

1 Das Kokos- bzw. Olivenöl in einer ofenfesten Pfanne mit Deckel (20–25 cm Ø) erhitzen. Die Zwiebel darin in 2 Minuten bei mittlerer Hitze glasig anschwitzen.

2 Knoblauch und Gewürze hinzufügen und 2 Minuten mitdünsten, dann die Süßkartoffeln zugeben. Umrühren, die Temperatur auf schwache Hitze herunterschalten und alles mit Deckel 10 Minuten garen.

3 Das Gemüse mit 1 Spritzer Wasser in die Pfanne geben und unterrühren. Den Deckel wieder auflegen und weitere 2–3 Minuten garen, bis Grünkohl und Spinat zusammenfallen.

4 In der Zwischenzeit Eier und Mandelmilch verquirlen und mit Salz und Pfeffer würzen.

5 Das Gemüse gleichmäßig in der Pfanne verteilen und die Eiermischung darübergießen. Offen 10–15 Minuten stocken lassen, bis der Boden der Frittata fest ist.

6 Den Backofengrill vorheizen. Die Pfanne 4–5 Minuten unter den Grill stellen, damit die Frittata-Oberfläche fest wird. Frittata in Stücke schneiden und servieren.

Pro Portion: **Kalorien** 187 · **Fett** 9,4 g · **Kohlenhydrate** 17,5 g · **Zucker** 5,6 g · **Natrium** 107 mg · **Ballaststoffe** 4,3 g · **Protein** 9,4 g

Mais-Kichererbsen-PUFFER

Ein unscheinbares Superfood – Kichererbsenmehl – ist der wichtigste Rohstoff für diese köstlichen Puffer. Es ist fettarm, glutenfrei und reich an Protein, Eisen, Ballaststoffen, Antioxidanzien.

ERGIBT 8 STÜCK/FÜR 2 PERSONEN

FÜR DIE SALSA

1 Tomate, gewürfelt
1 kleine Avocado, gewürfelt
1 EL gehacktes Koriandergrün
1 EL Limettensaft
1 TL gehackte rote Chilischote
1 TL Weizengraspulver (nach Belieben)

FÜR DIE PUFFER

65 g Kichererbsenmehl
je ½ TL Backpulver und Paprikapulver
1 Ei, verquirlt
60 ml Mandelmilch
Salz, frisch gemahlener Pfeffer
140 g Zuckermais
⅓ rote Paprikaschote, gewürfelt
2 Frühlingszwiebeln, in Ringen
je 1 EL gehackte rote Chilischote und gehacktes Koriandergrün
1–2 EL Kokosöl

1 Alle Zutaten für die Salsa in einer kleinen Schüssel vermischen und beiseitestellen.

2 Für die Puffer Mehl, Backpulver und Paprikapulver in einer großen Rührschüssel mischen.

3 Ei und Milch in einer weiteren Schüssel verrühren und mit Salz und Pfeffer würzen. Zur Mehlmischung geben und die Zutaten mit einem Holzlöffel verrühren.

4 Mais, Paprika, Frühlingszwiebeln, Chilischote und Koriandergrün hinzufügen und unterrühren. Der Teig sollte jetzt fest sein.

5 In einer Pfanne 1 EL Kokosöl stark erhitzen. Anschließend 2 gehäufte EL Teig pro Puffer in die Pfanne geben und etwa 1 cm dick verstreichen (falls nötig, die Puffer in mehreren Portionen fertigstellen und weiteres Kokosöl zugeben). In 2 Minuten goldgelb backen, dann mithilfe eines Spatels wenden und weitere 2 Minuten backen.

6 Die Puffer mit der Salsa servieren.

Pro Portion: **Kalorien** 463 · **Fett** 26,8 g · **Kohlenhydrate** 44,8 g · **Zucker** 11,4 g
Natrium 368 mg · **Ballaststoffe** 8,1 g · **Protein** 11,7 g

Super *Tipp*

Der Teig kann bis Punkt 3 im Voraus vorbereitet werden. Im Kühlschrank hält er sich luftdicht verpackt 3 Tage.

Weiße-Bohnen-Suppe
MIT KOHL & PARMESAN

Ein italienischer Klassiker, hier mit gekeimten Bohnen. Am besten eignen sich dafür frisch gekeimte Sprossen.

FÜR 4 PERSONEN

3 EL Olivenöl

1 Zwiebel, fein gehackt

1 Stange Staudensellerie, fein gehackt

2 Möhren, geputzt, fein gehackt

2 Knoblauchzehen, fein gehackt

1,25 l glutenfreie Gemüsebrühe

175 g Weiße-Bohnen-Sprossen (siehe Seite 20)

175 g Cannellini-Bohnen-Sprossen (siehe Seite 20)

1 Zweig Rosmarin

frisch gemahlener schwarzer Pfeffer

75 g Grünkohl, ohne grobe Stiele, fein gehackt

Salz

4 EL fein geriebener Parmesan, plus mehr zum Servieren

1 Das Öl in einem großen Topf erhitzen. Die Zwiebel darin bei mittlerer Hitze 3 Minuten anschwitzen, bis sie weich, aber nicht gebräunt ist. Sellerie und Möhren hinzufügen und 3 Minuten mitdünsten, anschließend Knoblauch zugeben und weitere 2 Minuten dünsten.

2 Die Gemüsebrühe zugießen und aufkochen. Bohnensprossen und Rosmarinzweig in den Topf geben und mit Pfeffer würzen (kein Salz zugeben, bevor die Bohnensprossen gar sind). Die Suppe zum Kochen bringen, anschließend die Temperatur herunterschalten und die Suppe zugedeckt 45 Minuten köcheln lassen, bis die Bohnensprossen weich sind. Rosmarin entfernen.

3 Grünkohl zugeben und 3–5 Minuten weiterköcheln lassen, bis der Kohl weich ist. Suppe bei Bedarf mit Salz abschmecken. Topf vom Herd nehmen und den Parmesan einrühren. Suppe sofort mit weiterem Parmesan bestreut servieren.

Keim-Zeit ...

Weiße Bohnen
Einweichen: 8–12 Stunden
Keimen: 3 Tage

Cannellini-Bohnen
Einweichen: 8–12 Stunden
Keimen: 3 Tage

Pro Portion: **Kalorien** 483 · **Fett** 15 g · **Kohlenhydrate** 48 g · **Zucker** 9 g
Natrium 925 mg · **Ballaststoffe** 23 g · **Protein** 4,5 g

Pikante Pancakes
MIT FETA-SPROSSEN-SALAT

Dieses Rezept ist durch das japanische Streetfood Okonomiyaki inspiriert. Bereiten Sie den Salat mit Kräutern Ihrer Wahl zu.

ERGIBT 4 STÜCK

60 g Mehl

¼ TL Backpulver

Salz und frisch gemahlener schwarzer Pfeffer

1 Ei (Größe L), leicht verquirlt

85 ml Gemüsebrühe

100 g Wirsing, ohne grobe Stiele, fein gehackt

100 g Mungobohnensprossen (siehe Seite 20)

4 Frühlingszwiebeln, klein geschnitten

2 EL fein gehackte Dillspitzen

Butter zum Braten

Olivenöl zum Braten

FÜR DEN FETA-SPROSSEN-SALAT

60 g gemischte Sprossen (Senf, Rotklee, Alfalfa; siehe Seite 20)

1 Handvoll gemischte Kräuter, gehackt

½ EL Zitronensaft

1 EL Olivenöl

100 g Feta

1 Mehl und Backpulver in einer großen Schüssel mit je 1 Prise Salz und Pfeffer mischen. Ei und Gemüsebrühe nach und nach unterrühren, bis ein glatter, fester Teig entsteht. Wirsing, Mungobohnensprossen, Frühlingszwiebeln und Dill hinzufügen und alles gründlich verrühren.

2 Etwas Butter und Olivenöl in einer beschichteten Pfanne erhitzen. Ein Viertel des Teiges in die Pfanne geben und mithilfe eines Spatels zu einem gleichmäßigen Pfannkuchen verstreichen. Bei mittlerer Hitze 3–4 Minuten backen.

3 Sobald die Unterseite gebräunt und knusprig ist, den Pancake auf einen Teller gleiten lassen. Etwas mehr Butter und Öl in die Pfanne geben, dann den Pancake von der anderen Seite 3–4 Minuten backen. Aus der Pfanne nehmen und warm halten. Die restlichen drei Pancakes ebenso backen.

4 Für den Salat die Sprossen mit den Kräutern mischen. Aus Zitronensaft, Öl, Salz und Pfeffer ein Dressing rühren. Den Feta hineinkrümeln. Die Pancakes sofort mit dem Salat servieren.

Keim-Zeit …

Mungobohnen
Einweichen: 8–12 Stunden
Keimen: 3 Tage

Senf-, Rotklee- und Alfalfasamen
Einweichen: 8–12 Stunden
Keimen: 6–7 Tage

Pro Stück: **Kalorien** 226 · **Fett** 14 g · **Kohlenhydrate** 15 g · **Zucker** 3 g · **Natrium** 363 mg · **Ballaststoffe** 2,5 g · **Protein** 9,5 g

Vegetarische SUSHI-BOWL

Nährstoffreiches rohes Gemüse und kohlenhydratreicher Reis ergeben ein köstliches Essen zum Mitnehmen.

FÜR 1 PERSON

50 g Natur-Basmatireis
1 EL Olivenöl
1 TL Sesamöl
1 EL Tamari-Sojasauce
1 TL flüssiger Honig
1 EL Balsamico-Essig
1 EL geschälter, geriebener Ingwer
1 Knoblauchzehe, gepresst
100 g Salatgurke
1 mittelgroße Möhre
½ Avocado
60 g Rote Bete, gerieben
4 Radieschen, in Scheiben geschnitten
1 Stück getrocknetes Noriblatt (10 x 10 cm), in Streifen geschnitten
2 Frühlingszwiebeln, in Ringen
1 TL schwarzer Sesam

1 Den Reis waschen, dann in einen Topf geben. Mit Wasser bedecken und aufkochen. Bei reduzierter Hitze anschließend zugedeckt in 30 Minuten weich garen. Abgießen, mit kaltem Wasser abspülen und beiseitestellen.

2 Für das Dressing Öle, Sojasauce, Honig, Essig, Ingwer und Knoblauch in einer kleinen Schüssel verrühren. Beiseitestellen.

3 Das Gemüse vorbereiten, aber nicht schälen. Mithilfe eines Spiralschneiders aus Gurke und Möhren Spiralen schneiden (oder das Gemüse ganz einfach hobeln).

4 Die Avocado schälen, das Fruchtfleisch in sehr dünne Scheiben schneiden.

5 Reis, rohes Gemüse, Avocado und Noriblatt in einer Schale anrichten. Mit Frühlingszwiebeln und Sesam bestreuen und mit dem Sojasaucen-Ingwer-Dressing beträufeln.

Super Tipp

Wollen Sie mehr Proteine? Dann geben Sie einige Scheiben Räucherlachs hinzu.

Pro Portion: **Kalorien** 657 · **Fett** 37,9 g · **Kohlenhydrate** 68,8 g · **Zucker** 22,4 g
Natrium 651 mg · **Ballaststoffe** 15,5 g · **Protein** 5,1 g

Im Voraus zubereitet ...

Das Dressing hält sich im Kühlschrank luftdicht verpackt 2 Tage.

Blumenkohl-Reis-TABOULÉ-BOWL

Der vielseitige Blumenkohl ist die köstliche, getreidefreie und kohlenhydratarme Hauptzutat für dieses Rezept.

FÜR 1 PERSON

6 Cocktailtomaten

1 TL Olivenöl

Salz und frisch gemahlener schwarzer Pfeffer

125 g Blumenkohl, gehackt

1 TL Kokosöl

¼ rote Zwiebel, klein geschnitten

1 Knoblauchzehe, gehackt

1 EL Rosinen

1 EL gehacktes Koriandergrün

1 EL Pinienkerne

50 g Salatgurke, in Scheiben geschnitten

3–4 Falafeln (gekauft oder selbst gemacht, siehe Seite 27)

1 Handvoll Salat, z. B. Feldsalat

1 EL Granatapfelkerne

FÜR DAS DRESSING

1 EL Olivenöl

½ EL Tahin (Sesammus)

½ EL Zitronensaft

1 Den Backofen auf 220 °C Ober-/Unterhitze (200 °C Umluft) vorheizen.

2 Die Tomaten halbieren, mit dem Öl beträufeln und mit Salz und Pfeffer würzen. Auf ein Blech legen und 10 Minuten im Backofen rösten. Sie sollten nicht zerfallen.

3 Für den »Reis« den Blumenkohl in einer Küchenmaschine sehr fein zerkleinern.

4 Das Kokosöl in einer großen Pfanne mit Deckel erhitzen. Zwiebel und Knoblauch darin offen 3–4 Minuten anschwitzen.

5 Den Blumenkohl und 1 EL Wasser in die Pfanne geben, den Deckel auflegen und den Blumenkohl in 4–5 Minuten knapp gar garen. Er sollte noch etwas Biss haben. Rosinen und Koriandergrün einrühren und die Pfanne vom Herd nehmen.

6 Die Pinienkerne in einer Pfanne ohne Fett 2–3 Minuten leicht anrösten.

7 Die Dressingzutaten in einer kleinen Schüssel verrühren.

8 Den Blumenkohl-»Reis« mit Gurkenscheiben, gerösteten Tomaten, Falafeln, Salat und gerösteten Pinienkernen in eine kleine Schüssel füllen. Mit Granatapfelkernen bestreuen und mit dem Tahin-Zitronen-Dressing beträufeln. Zum Schluss nach Belieben mit Salz und Pfeffer würzen.

Pro Portion: **Kalorien** 847 · **Fett** 60,9 g · **Kohlenhydrate** 56,8 g · **Zucker** 37,7 g · **Natrium** 184 mg · **Ballaststoffe** 15,5 g · **Protein** 22,3 g

Im Voraus zubereitet …

Der Blumenkohl-»Reis« hält sich luftdicht verschlossen im Kühlschrank 3–4 Tage.

Ahi-Poke-Bowl
MIT ALGENSALAT

Poke ist ein roher Fischsalat aus Hawaii. Hier wird proteinreicher Ahi (Thunfisch) verwendet.

FÜR 1 PERSON

1½ EL Tamari-Sojasauce

2 TL Sesamöl

1 Frühlingszwiebel, fein gehackt

1 TL Sesam

100 g Thunfisch in Sushi-Qualität, gewürfelt

40 g Naturreis

1 EL Olivenöl

1 TL flüssiger Honig

1 EL Balsamico-Essig

1 EL geriebener Ingwer

1 Knoblauchzehe, gepresst

5 g getrocknete Meeresalgen (Wakame)

30 g eingelegte Gurken (siehe Seite 27)

½ kleine Möhre, geputzt, in dünnen Streifen

1 EL Edamame-Bohnen

¼ Avocado, geschält, in Scheiben geschnitten

1 EL Macadamianüsse, geröstet, grob gehackt

1 Für die Marinade ½ EL Sojasauce mit 1 TL Sesamöl, Frühlingszwiebel und Sesam verrühren. Den Thunfisch darin abgedeckt im Kühlschrank mindestens 1 Stunde, besser noch über Nacht, marinieren.

2 Den Reis waschen und in einen Topf geben. Mit Wasser bedecken und aufkochen. Die Hitze reduzieren und den Reis in 30 Minuten weich garen. Abgießen, mit kaltem Wasser abspülen und abtropfen lassen.

3 Für das Dressing restliche Sojasauce (1 EL), restliches Sesamöl (1 TL), Olivenöl, Honig, Essig, Ingwer und Knoblauch verrühren und beiseitestellen.

4 Die Meeresalgen nach Packungsangabe zubereiten. Getrocknete Algen verdoppeln in der Regel ihr Volumen, wenn sie in Wasser eingeweicht werden. Abgießen und hacken.

5 Eingeweichte Meeresalgen mit Gurken und Möhrenstreifen in einer Schüssel mischen.

6 Reis in eine Schüssel geben. Den Thunfisch aus dem Kühlschrank nehmen und die restliche Marinade abgießen. Thunfischstücke, Algen-Gurken-Salat, Edamame-Bohnen und Avocadoscheiben darauf anrichten. Alles mit den gehackten Macadamianüssen bestreuen und mit 2–3 TL Ingwer-Soja-saucen-Dressing beträufeln.

Pro Portion: **Kalorien** 735 · **Fett** 44,1 g · **Kohlenhydrate** 51,8 g · **Zucker** 15,4 g
Natrium 1016 mg · **Ballaststoffe** 10,5 g · **Protein** 35 g

Im Voraus zubereitet …

Sie können den Thunfisch 1 Tag vorher marinieren, doch er muss am Folgetag verzehrt werden.

POKE-BOWLS

Sie werden traditionell mit mariniertem rohem Fisch zubereitet. Das hawaiische Gericht lässt sich abwandeln: Vegetarier nehmen statt Fisch Tofu oder Pilze und genießen eine Bowl mit nährstoffreichem Gemüse und frischen Aromen.

Gemüse

Zutaten für 1 Person

60 ml Limettensaft, frisch gepresst • 1 EL Apfelessig • 40 ml Tamari-Sojasauce • 1 EL Rohhonig • 1 Msp. Chiliflocken • 1 großer brauner Champignon, gewürfelt • 50 g schwarzer Reis, über Nacht eingeweicht • 1 TL Olivenöl • 20 g Grünkohlblätter, gehackt • 30 g Möhren • 30 g Salatgurke • 50 g Zuckermais • ¼ Avocado, gewürfelt • 1 TL Sesam, geröstet • 1 Frühlingszwiebel, gehackt

Zubereitung

1 Für die Sauce Limettensaft, Essig, Sojasauce, Honig und Chiliflocken verrühren. Den Pilz mit 2 EL Sauce überziehen. Kalt stellen.

2 Den eingeweichten Reis in einen Topf geben und mit Wasser bedecken. Zum Kochen bringen, dann bei reduzierter Hitze zugedeckt in 30 Minuten weich garen. Abgießen, mit kaltem Wasser abspülen und abtropfen lassen.

3 Das Öl zum Grünkohl geben und den Kohl 2–5 Minuten mit den Händen kneten, bis er weich ist und leuchtend grün aussieht. Mit dem Gemüseschäler Möhren und Gurke in breiten Streifen abziehen, mit dem Kohl mischen.

4 Reis, Pilz, Kohlsalat, Mais und Avocado in eine Schüssel schichten. Sauce daraufträufeln und mit Sesam, Frühlingszwiebel und den restlichen Chiliflocken (1 Prise) bestreuen.

Pro Portion: **Kalorien** 536 • **Fett** 18,5 g • **Kohlenhydrate** 80,7 g • **Zucker** 29,5 g • **Natrium** 2152 mg • **Ballaststoffe** 9,5 g • **Protein** 16,6 g

Lachs

Zutaten für 1 Person

½ EL Tamari-Sojasauce • 1 TL Sesamöl • 1 EL fein gehackte rote Zwiebel • 1 Frühlingszwiebel, fein gehackt • 1 TL geriebener Ingwer • 100 g Lachsfilet in Sushi-Qualität, gewürfelt • 40 g Naturreis • 5 g getrocknete Meeresalgen (z. B. Arame) • 50 g Kimchi (siehe Seite 28) oder Rotkohl, fein geraspelt • 30 g eingelegte Gurken (siehe Seite 27) oder Salatgurke, in dünnen Streifen • 1 EL Edamame-Bohnen • 2 TL Sesam, geröstet • 1 Stängel Koriandergrün

Zubereitung

1 Sojasauce, Sesamöl, Zwiebeln und Ingwer in einer Schale verrühren. Lachs hineinlegen und die Würfel mit der Marinade überziehen. Abgedeckt mindestens 1 Stunde kalt stellen.

2 Den Reis in einen Topf geben, mit Wasser bedecken und zum Kochen bringen. Bei reduzierter Hitze zugedeckt in 30 Minuten weich garen. Abgießen, mit kaltem Wasser abspülen und abtropfen lassen.

3 Die Meeresalgen nach Packungsangabe zubereiten. Sie müssen eingeweicht werden, wobei sie ihr Volumen in der Regel verdoppeln.

4 Ein Bett aus Reis in eine Schüssel legen. Marinierte Lachswürfel, Kimchi, Gurke und Bohnen darauf anrichten. Dann alles mit dem Sesam bestreuen und mit Algen und Koriandergrün garnieren.

Pro Portion: **Kalorien** 489 • **Fett** 22,9 g
Kohlenhydrate 40,9 g • **Zucker** 5,7 g
Natrium 2029 mg • **Ballaststoffe** 8,7 g • **Protein** 31,1 g

Scharfer Tofu

Zutaten für 1 Person

20 g getrocknete Kelp-Nudeln oder Algenspaghetti (Internethandel) • ½ EL Tamari-Sojasauce • 1 TL Sesamöl • 1 Prise Chiliflocken • 1 TL geriebener oder fein gehackter Ingwer • 1 Knoblauchzehe, gepresst • 1 EL fein gehackte Zwiebel • 1 kleine Frühlingszwiebel, fein gehackt • 1 TL Sesam • 100 g fester Tofu, gewürfelt • ½ Mango, geschält, gewürfelt • 20 g Macadamianüsse, geröstet, grob gehackt • Sriracha-Sauce

Zubereitung

1 Die Nudeln nach Packungsangabe garen, kalt abschrecken und beiseitestellen.

2 Für die Sauce Sojasauce, Sesamöl, Chiliflocken, Ingwer, Knoblauch, Zwiebeln und Sesam verrühren.

3 Die Tofuwürfel in die Sauce legen und gut damit überziehen. Darauf achten, dass der Tofu nicht auseinanderfällt. 15 Minuten marinieren, dabei ab und zu vorsichtig wenden.

4 Die Nudeln in eine Schüssel legen und marinierten Tofu, Mango und Macadamianüsse darauflegen. Alles mit der übrigen Marinade beträufeln und mit der Sriracha-Sauce abschmecken.

Pro Portion: **Kalorien** 433 • **Fett** 25,8 g
Kohlenhydrate 39,5 g • **Zucker** 32,8 g
Natrium 446 mg • **Ballaststoffe** 6,9 g • **Protein** 14,5 g

Tofu-Kimchi-BOWL

Kimchi besteht aus fermentiertem Gemüse. Es enthält nützliche Bakterien, die die Verdauung fördern.

FÜR 1 PERSON

30 g Belugalinsen (oder grüne bzw. braune Linsen)

30 g Quinoa

100 g Tofu, in Scheiben geschnitten

45 g dicke Brokkoli-Stiele, quer in Scheiben geschnitten

2 TL Olivenöl

2 TL Tamari-Sojasauce

1½ TL Sesam

1 Mini-Pak-Choi

65 g Kimchi (siehe Seite 28)

1 Stängel Koriandergrün

1 Linsen und Quinoa jeweils getrennt mit der doppelten Menge Wasser in Gläser geben und über Nacht einweichen. Abgießen und abspülen.

2 Am nächsten Tag den Backofen auf 200 °C Ober-/Unterhitze (180 °C Umluft) vorheizen.

3 Die Linsen in einen Topf geben, mit Wasser bedecken und zum Kochen bringen. Die Temperatur herunterschalten und die Linsen zugedeckt 15 Minuten köcheln lassen. Die Quinoa zu den Linsen geben, noch 10 Minuten zugedeckt köcheln lassen.

4 Die Tofuscheiben auf eine Seite eines kleinen Backblechs legen, die Brokkolischeiben auf die andere Seite. Mit Olivenöl und Sojasauce beträufeln, mit ½ TL Sesam bestreuen. Anschließend 10–15 Minuten im Ofen backen.

5 Den Pak Choi in einen Dampfgarer legen und in 5–8 Minuten weich garen. Oder ausreichend Wasser in einen Topf mit Dämpfeinsatz geben, den Pak Choi in den Einsatz legen (das Wasser darf ihn nicht berühren), einen Deckel aufsetzen und das Wasser zum Kochen bringen. Die Temperatur herunterschalten und den Pak Choi bissfest garen.

6 Quinoa und Linsen abgießen. In eine Schüssel füllen. Kimchi, Pak Choi, Brokkoli und Tofu darauf anrichten. Mit Koriandergrün und restlichem Sesam (1 TL) garnieren.

Pro Portion: **Kalorien** 398 · **Fett** 17,3 g · **Kohlenhydrate** 37 g · **Zucker** 5,9 g **Natrium** 2279 mg · **Ballaststoffe** 8,2 g · **Protein** 25,3 g

Buchweizen mit BABA GHANOUSH

Baba Ghanoush ist ein traditioneller orientalischer Dip, der aus ballaststoffreichen Auberginen zubereitet wird.

FÜR 1 PERSON

50 g geschälter Buchweizen
1 EL Rosinen
1 EL gehackte Petersilie
3 EL Naturjoghurt
1 EL Zitronensaft
Salz und frisch gemahlener schwarzer Pfeffer
1 kleiner Apfel, ungeschält, entkernt, in dünnen Scheiben
3 EL Samen- oder Hülsenfruchtsprossen (z. B. Mungobohnen oder Kichererbsen)
1 Handvoll gemischte kleine Salatblätter
2 EL Baba Ghanoush (siehe Seite 28)
1 Walnusskernhälfte

1 Buchweizen über Nacht in der doppelten Menge Wasser einweichen. Abgießen, abspülen und in einen Topf geben. Mit Wasser bedecken und zum Kochen bringen. Bei schwacher Hitze zugedeckt in 10 Minuten bissfest garen. Abgießen und in eine Rührschüssel geben.

2 Rosinen und Petersilie unter den Buchweizen rühren.

3 Für das Dressing Joghurt mit Zitronensaft und etwas Salz und Pfeffer verrühren.

4 Buchweizen in eine Schüssel geben, Apfelscheiben, Sprossen und Salatblätter daneben anrichten.

5 Baba Ghanoush und die Walnuss daraufgeben. Alles nach Belieben mit Salz und Pfeffer würzen. Bowl mit dem Joghurtdressing servieren.

Pro Portion: **Kalorien** 648 · **Fett** 33,4 g · **Kohlenhydrate** 76,4 g · **Zucker** 33,7 g · **Natrium** 59 mg · **Ballaststoffe** 7,8 g · **Protein** 15,1 g

Asia-Salat mit MUNGOBOHNEN & MINZE

Der Salat aus knackigen Gurken- und Zucchinispiralen mit Ingwer, Knoblauch und Sesam ist leicht und erfrischend.

FÜR 2 PERSONEN

2 EL Reisweinessig (Asialaden)

2 TL Zucker

1 TL Sesamöl

½ TL Tamari-Sojasauce

¼ TL fein geriebener Ingwer

¼ TL fein geriebener Knoblauch

½ Zucchini, in Spiralen geschnitten

1 Stück Salatgurke (8 cm), in Spiralen geschnitten

30 g Mungobohnensprossen (siehe Seite 20)

30 g Erbsensprossen

einige dünne Streifen von 1 roten Zwiebel

2 EL grob gehackte Minzeblätter, plus mehr zum Servieren (nach Belieben)

1 EL grob gehackte gesalzene Erdnüsse

1 Für das Dressing Essig, Zucker, Sesamöl, Sojasauce, Ingwer und Knoblauch in einer kleinen Schüssel verrühren. So lange rühren, bis der Zucker sich vollständig aufgelöst hat.

2 Zucchini, Salatgurke, Mungobohnensprossen, Erbsensprossen, Zwiebelringe und Minze in eine Schüssel geben. Das Dressing zugeben und gut mit den Zutaten mischen. Jeweils die Hälfte des Salats in einem Schälchen anrichten.

3 Mit den gehackten Erdnüssen und nach Belieben mit einigen Minzeblättern bestreuen und sofort servieren.

MUNGOBOHNEN *liefern* **PEPTIDE.** *Sie senken den* **BLUTDRUCK**

Keim-Zeit …

Mungobohnen
Einweichen: 8–12 Stunden
Keimen: 3 Tage

Pro Portion: **Kalorien** 105 · **Fett** 6 g · **Kohlenhydrate** 8 g · **Zucker** 7 g · **Natrium** 108 mg · **Ballaststoffe** 2 g · **Protein** 4 g

Super *Tipp*

Noch knackiger wird das Ganze, wenn Sie gekeimte grüne Erbsen verwenden.

Texmex-Salat & ZUCKERMAIS-SALSA

Durch ihren hohen Protein- und Ballaststoffgehalt machen Bohnen satt und halten Hungergefühle in Schach.

FÜR 1 PERSON

- 1 EL Olivenöl
- ¼ kleine Zwiebel, fein gewürfelt
- 1 Knoblauchzehe, gepresst
- ¼ TL Kreuzkümmelsamen
- ¼ TL gemahlener Koriander
- 2 EL gegarte Pinto- oder Borlotti-Bohnen
- 1–2 Handvoll Salatblätter
- 1 Möhre, geputzt, in Spiralen oder gerieben
- 1 Handvoll Maischips
- ¼ Avocado, geschält, gewürfelt
- 4 Cocktailtomaten, halbiert
- 2–4 EL Zuckermais-Salsa (siehe Seite 28)
- 1 EL geriebener Cotijakäse oder Parmesan
- 2 EL Chimichurri-Sauce (siehe Seite 28)

1 Für die Sauce das Olivenöl in einer Pfanne langsam erhitzen. Zwiebel und Knoblauch bei mittlerer Hitze darin anschwitzen, dann Gewürze und Bohnen hinzugeben. Alles 5–10 Minuten garen, danach vom Herd nehmen und beiseitestellen.

2 Die Salatblätter in einer Schüssel anrichten. Möhre, Chips, Avocado, Tomaten und Bohnen hinzufügen.

3 Die Salsa daraufgeben. Mit dem geriebenen Käse bestreuen.

4 Mit der Chimichurri-Sauce beträufeln.

Super Tipp

Sauce und Salsa (siehe Seite 28) im Voraus zubereiten. Luftdicht verpackt hält sich die Sauce im Kühlschrank 3–4, die Salsa 1–2 Tage.

Pro Portion: **Kalorien** 444 · **Fett** 32,4 g · **Kohlenhydrate** 25,3 g · **Zucker** 11,7 g
Natrium 342 mg · **Ballaststoffe** 10,6 g · **Protein** 14,7 g

Hirse-Buddha-Bowl & ROTE-BETE-HUMMUS

Prallgefüllt mit nährstoffreichem Gemüse erinnert diese Bowl an den Bauch Buddhas!

FÜR 1 PERSON

50 g Hirse

1 Maiskolben

1 EL Olivenöl

2 TL Balsamico-Essig

1 kleine Handvoll junger Spinat

1 Handvoll Erbsensprossen (oder Mini-Salatblätter)

50 g gegarte Cannellini-Bohnen

2 Champignons, in Scheiben

1 kleine Möhre, geputzt, in dünnen Streifen oder gerieben

½ kleine Mango, geschält, gewürfelt

3 EL Rote-Bete-Hummus (siehe Seite 26)

1 EL Sonnenblumenkerne

2 Limettenspalten zum Servieren

Salz und frisch gemahlener schwarzer Pfeffer

1 Die Hirse über Nacht in der doppelten Menge Wasser einweichen. Abgießen und gut abspülen.

2 Die Hirse in einen Topf geben, mit Wasser bedecken und zum Kochen bringen. Die Hitze reduzieren und die Hirse 10 Minuten köcheln lassen. Sie sollte dann weich sein, aber nicht zu Brei zerfallen. Abgießen und in eine Schüssel füllen.

3 Mit einem scharfen Messer die Maiskörner vom Kolben schneiden. Mit der Hirse mischen.

4 Für das Dressing Olivenöl und Essig in einer kleinen Schüssel gut verrühren – oder in einem Glas kräftig schütteln.

5 Mais-Hirse in ein Schälchen geben. Spinat, Sprossen, Bohnen, Champignons, Möhre und Mango darauf anrichten. In die Mitte den Hummus setzen.

6 Mit dem Dressing beträufeln, mit den Sonnenblumenkernen bestreuen und mit den Limettenstücken garnieren.

7 Mit Salz und Pfeffer würzen.

Pro Portion: **Kalorien** 600 · **Fett** 29,1 g · **Kohlenhydrate** 71,8 g · **Zucker** 18,8 g · **Natrium** 303 mg · **Ballaststoffe** 9,2 g · **Protein** 13 g

ABENDESSEN

Nach einem anstrengenden Tagespensum haben Sie sich eine köstliche Abendmahlzeit verdient!

Die gesunden, nahrhaften Zutaten stärken Ihr Immunsystem und verbessern das Wohlbefinden.

Ein solches Abendessen ist »Treibstoff« für Sie.
Sie bleiben aktiv, auch im Alter.

Lassen Sie sich von aktuellen Food-Trends inspirieren. Probieren Sie die vietnamesische Pho und die beliebte Burrito-Bowl.

Läuft Ihnen nicht schon bei den schönen Fotos das Wasser im Mund zusammen?

Viel frisches Gemüse, Samen, Körner und Proteine – jedes Gericht schmeckt so gut, wie Sie sich danach fühlen werden …

Bowl mit geröstetem WURZELGEMÜSE

Vitaminreiches Wurzelgemüse sorgt dafür, dass die Augen gesund bleiben, und es senkt den Cholesterinspiegel.

FÜR 1 PERSON

100 g Rote Bete
1 mittelgroße Möhre
100 g Knollensellerie
½ Süßkartoffel
2 EL Olivenöl
½ TL gemahlener Kreuzkümmel
Salz und frisch gemahlener schwarzer Pfeffer
85 g gegarte Kichererbsen
1 Knoblauchzehe, gepresst
1 Prise Cayennepfeffer
30 g Puy-Linsen oder grüne Linsen
25 g Quinoa, gewaschen
20 g Grünkohl, grobe Stiele entfernt, gehackt
1 TL grobkörniger Senf
2 TL flüssiger Rohhonig
10 g Rucola
1 EL gehackte Walnusskerne
1 TL Kürbiskerne

1 Den Backofen auf 200 °C Ober-/Unterhitze (180 °C Umluft) vorheizen.

2 Rote Bete, Möhre, Sellerie und Süßkartoffel waschen und in gleich große Stücke schneiden, aber nicht schälen. Nach Sorten getrennt in eine Backform legen und mit ½ EL Öl beträufeln. Mit Kreuzkümmel, Salz und Pfeffer würzen.

3 Die Kichererbsen mit Knoblauch und ½ EL Olivenöl mischen und in einer weiteren Backform verteilen. Mit Salz, Pfeffer und Cayennepfeffer würzen. Formen in den Ofen stellen, die Kichererbsen 15 Minuten, das Wurzelgemüse 25 Minuten rösten.

4 Die Linsen waschen und in einen Topf geben. Aufkochen. Die Hitze reduzieren und die Linsen zugedeckt 10 Minuten köcheln lassen. Die Quinoa in den Topf geben und 5 Minuten mitgaren. Den Grünkohl über Linsen und Quinoa dämpfen, bis er zusammenfällt. Alles abgießen.

5 Für das Dressing 1 EL Olivenöl mit Senf und Honig verrühren.

6 Linsen, Quinoa, Gemüse, Rucola, Grünkohl und Kichererbsen in eine Schüssel geben. Mit Walnüssen und Kürbiskernen bestreuen und mit Dressing beträufeln.

Im Voraus zubereitet …

Die gerösteten Kichererbsen lassen sich bis zu 5 Tage im Kühlschrank aufbewahren. Ein proteinhaltiger Snack, also machen Sie gleich mehr!

Pro Portion: **Kalorien** 600 · **Fett** 29,1 g · **Kohlenhydrate** 71,8 g · **Zucker** 18,8 g
Natrium 303 mg · **Ballaststoffe** 9,2 g · **Protein** 13 g

Super Tipp

Für zusätzliches Protein und knochenfreundliches Kalzium 50 g Feta darüberbröckeln.

Gedämpftes Gemüse & HALLOUMI

Durch das Dämpfen wird das Gemüse weicher und die Nährstoffe bleiben erhalten.

FÜR 1 PERSON

100 g Süßkartoffel
50 g Brokkolini (dünnstieliger Brokkoli)
100 g Rotkohl, geraspelt
50 g geschälter Buchweizen
25 g Paranüsse
30 g Basilikum, grob gehackt
3 EL Olivenöl
1 EL Apfelessig
1 Knoblauchzehe, gepresst
2–3 EL Kokosöl
125 g Halloumi-Käse, in Scheiben geschnitten
2 EL Hummus (siehe Seite 26)
1 TL Chiasamen
2 EL Granatapfelkerne

1 Die ungeschälte Süßkartoffel waschen und in grobe Stücke schneiden. 10 Minuten im Dampfgarer oder Topf mit Dämpfeinsatz garen. Brokkoli und Rotkohl 5 Minuten mitdämpfen (das Gemüse möglichst getrennt legen).

2 Den Buchweizen waschen und in einen Topf geben. Mit Wasser bedecken und aufkochen, dann die Temperatur herunterschalten und den Buchweizen zugedeckt 10 Minuten köcheln lassen, bis er weich, aber noch nicht breiig ist. Anschließend abgießen und beiseitestellen.

3 Für das Dressing die Paranüsse mit Basilikum, Olivenöl, Essig und Knoblauch im Standmixer oder mit der Küchenmaschine fein pürieren, danach beiseitestellen.

4 Das Kokosöl in einer Grillpfanne stark erhitzen. Die Halloumischeiben hineinlegen und von jeder Seite 1 Minute anbraten.

5 Buchweizen, gedämpftes Gemüse und Halloumi in einer Schüssel anrichten und Hummus daraufgeben.

6 Mit Chiasamen und Granatapfelkernen bestreuen und mit dem Paranuss-Basilikum-Dressing beträufeln.

Pro Portion: **Kalorien** 1540 · **Fett** 104,6 g · **Kohlenhydrate** 92,7 g · **Zucker** 19,2 g
Natrium 1597 mg · **Ballaststoffe** 27,6 g · **Protein** 47,9 g

Im Voraus zubereitet …

Buchweizen und Dressing halten sich im Kühlschrank luftdicht verpackt 2 Tage.

Buchweizen-Pho
MIT PILZEN & MAKRELE

Pho ist eine vietnamesische Nudelsuppe aus klarer Brühe, serviert mit frischen Kräutern.

FÜR 1 PERSON

2 EL Kokosöl

75 g frisches Makrelenfilet mit Haut oder eingelegte Makrele

50 g Buchweizennudeln

1 Frühlingszwiebel, fein gehackt (etwas Grün zum Garnieren beiseitelegen)

1 TL fein gehackter Ingwer

1 Knoblauchzehe, gepresst

1–2 TL entkernte, fein gehackte rote Chilischote

50 g Shiitake-Pilze, halbiert oder in Scheiben

50 g Brokkoliröschen

1 TL braune oder weiße Misopaste

1 TL Tamari-Sojasauce

30 g gelbe Paprikaschote, in dünnen Streifen

1 TL Sesam

1 In einer Pfanne 1 EL Kokosöl stark erhitzen. Das Makrelenfilet mit der Hautseite nach unten hineinlegen und 4 Minuten anbraten. Wenden und noch 2 Minuten garen. Dann abkühlen lassen. Die Haut vom Fisch ziehen, das Fleisch in Stücke zupfen und beiseitelegen. Alternativ eingelegte Makrele abtropfen lassen und ebenfalls in Stücke zupfen.

2 Die Buchweizennudeln nach Packungsangabe garen. Abgießen, mit kaltem Wasser abschrecken, abtropfen lassen.

3 Das restliche Kokosöl (1 EL) erhitzen. Frühlingszwiebel, Ingwer, Knoblauch und Chili darin bei mittlerer Hitze 1–2 Minuten anbraten. Pilze und Brokkoli zufügen, noch 2 Minuten braten.

4 Die Misopaste in 300 ml kochendem Wasser auflösen und mit der Sojasauce zum Gemüse in den Topf geben. Aufkochen, anschließend bei reduzierter Hitze 5 Minuten köcheln lassen. Nudeln, Makrele und Paprikastreifen zugeben und erhitzen.

5 In einer Servierschüssel anrichten und mit Sesam und Frühlingszwiebel garnieren.

Pro Portion: **Kalorien** 648 · **Fett** 38,8 g · **Kohlenhydrate** 47,9 g · **Zucker** 6,2 g
Natrium 399 mg · **Ballaststoffe** 5,8 g · **Protein** 26,3 g

Im Voraus zubereitet …

Alle Zutaten außer dem Kokosöl in einen hitzefesten Behälter geben. 300 ml kochendes Wasser kurz vor dem Essen dazugießen.

Super Tipp

Für zusätzliches Protein am Ende einfach noch ein halbes weich gekochtes Ei obenauf legen.

PHO-BOWLS

Die traditionelle vietnamesische Suppe lässt sich schier endlos abwandeln. Grundlage bleiben allerdings klare Brühe, Nudeln und Gewürze, die ihr den typischen, köstlichen Geschmack verleihen.

Hähnchen & Sriracha

Zutaten für 1 Person

1 kleines Hähnchenbrustfilet • 1 EL Hoisin-Sauce • 1 TL Sesam • 50 g getrocknete Naturreisnudeln • 1 EL Kokosöl • 1 Frühlingszwiebel, gehackt, plus mehr für die Garnitur • 1 TL fein gehackter Ingwer • 1 Knoblauchzehe, gepresst • 1–2 TL entkernte, fein gehackte rote Chilischote • 30 g grüne Bohnen, in dünnen Streifen • 1 TL Misopaste • 1 TL Tamari-Sojasauce • 30 g Bohnensprossen • 1 EL frisches Basilikum • 1 EL Cashewkerne, geröstet, grob gehackt • 1 Radieschen, in Scheiben • Sriracha-Sauce • 1 Limettenspalte

Zubereitung

1 Backofen auf 200 °C Ober-/Unterhitze (180 °C Umluft) vorheizen. Das Hähnchen mit der Hoisin-Sauce bestreichen und mit Sesam bestreuen. 10–15 Minuten garen. Abkühlen lassen, zerkleinern.

2 Nudeln nach Packungsangabe garen. Abgießen, abschrecken, abtropfen lassen und beiseitestellen.

3 Das Öl in einem Topf erhitzen. Die Frühlingszwiebel mit Ingwer, Knoblauch und Chilischote darin 1–2 Minuten anbraten. Bohnen 2 Minuten mitgaren. Die Misopaste in 300 ml kochendem Wasser auflösen, mit der Sojasauce in den Topf geben. Zum Kochen bringen, 5 Minuten köcheln lassen. Hähnchen, Nudeln, Bohnensprossen und Basilikum zugeben und 1–2 Minuten erhitzen.

4 In eine Schüssel füllen, Cashewkerne, Radieschen und Frühlingszwiebel daraufgeben. Mit Sriracha-Sauce beträufeln, mit Limette servieren.

Pro Portion: **Kalorien** 650 • **Fett** 26,6 g
Kohlenhydrate 62,5 g • **Zucker** 10,9 g
Natrium 1031 mg • **Ballaststoffe** 4,1 g • **Protein** 39,9 g

Kelp & Tofu

Zutaten für 1 Person

20 g getrocknete Kelp-Nudeln oder Algenspaghetti (Internethandel) • 1 EL Kokosöl • 1 Frühlingszwiebel, gehackt, plus mehr für die Garnitur • 1 TL fein gehackter Ingwer • 1 Knoblauchzehe, gepresst • 1–2 TL entkernte, fein gehackte rote Chilischote • ½ Möhre, in dünnen Streifen • 1 kleiner Pak Choi • 1 Stängel Zitronengras, halbiert, leicht zerdrückt • 1 TL Misopaste • 1 TL Tamari-Sojasauce • 50 g Tofu, gewürfelt • 1 EL Macadamianüsse, geröstet, grob gehackt • 1 Stängel Minze

Zubereitung

1 Nudeln nach Packungsangabe garen. Abgießen, kalt abschrecken, abtropfen lassen und dann beiseitestellen.

2 Das Öl in einem Topf erhitzen. Frühlingszwiebel, Ingwer, Knoblauch und Chilischote darin 1–2 Minuten bei mittlerer Hitze anbraten. Dann Möhrenstreifen, Pak Choi und Zitronengras 2 Minuten mitbraten.

3 Die Misopaste in 300 ml kochendem Wasser auflösen, mit der Sojasauce in den Topf geben. Aufkochen, Hitze reduzieren und alles 5 Minuten köcheln lassen. Nudeln und Tofu zufügen, 1–2 Minuten erhitzen. Dann das Zitronengras aus dem Topf nehmen.

4 Die Suppe in eine Schüssel füllen, mit Macadamianüssen, Frühlingszwiebel sowie Minze bestreuen und servieren.

Pro Portion: **Kalorien** 389 • **Fett** 33,3 g • **Kohlenhydrate** 11,7 g • **Zucker** 7,5 g • **Natrium** 543 mg • **Ballaststoffe** 5 g • **Protein** 10,2 g

Ei & Garnele

Zutaten für 1 Person

50 g Eiernudeln • 1 EL Kokosöl • 1 Frühlingszwiebel, gehackt, plus mehr für die Garnitur • 1 TL fein gehackter Ingwer • 1 Knoblauchzehe, gepresst • 1–2 TL entkernte, fein gehackte rote Chilischote • 15 g Grünkohl, ohne Stiele, gehackt • 5 g getrocknete Dulse-Algen • 1 TL Misopaste • 1 TL Tamari-Sojasauce • 50 g Riesengarnelen, verzehrfertig • 1 EL gehacktes Koriandergrün, plus mehr für die Garnitur • ¼ kleine Mango, gewürfelt • 1 EL Erdnüsse, geröstet, gehackt • 1 Zitronenspalte

Zubereitung

1 Die Nudeln nach Packungsangabe garen. Dann abgießen, kalt abschrecken, abtropfen lassen und beiseitestellen.

2 Das Öl in einem Topf erhitzen. Frühlingszwiebel, Ingwer, Knoblauch und Chilischote darin bei mittlerer Hitze 1–2 Minuten anbraten. Grünkohl und Algen 2 Minuten mitbraten.

3 Die Misopaste in 300 ml kochendem Wasser auflösen und mit der Sojasauce in den Topf geben. Zum Kochen bringen, dann die Hitze reduzieren und alles 5 Minuten köcheln lassen. Nudeln, Garnelen und Koriandergrün hinzufügen und kurz erhitzen.

4 Die Suppe in eine Schüssel füllen, Mango, Erdnüsse, Frühlingszwiebel und Koriander daraufgeben. Mit der Zitronenspalte servieren.

Pro Portion: **Kalorien** 505 • **Fett** 22,7 g • **Kohlenhydrate** 56,1 g • **Zucker** 17 g • **Natrium** 812 mg • **Ballaststoffe** 6,9 g • **Protein** 22,7 g

Naturreis-Sushi-Bowl MIT SPROSSEN

Salzige Algenflocken und nussige Samen sind das Tüpfelchen auf dem i bei dieser herzhaften, gesunden Mahlzeit.

FÜR 1 PERSON

160 g Kurzkorn-Naturreissprossen (siehe Seite 20)

1 EL Reisweinessig (Asialaden)

¼ TL Zucker

Salz

je 1 EL Kürbiskern-, Sonnenblumenkern- und Sesamsprossen (siehe Seite 20)

5 g getrocknete Algenblätter

1 Stück Salatgurke (2,5 cm), halbiert, entkernt, in feine Scheiben geschnitten

½ kleine Avocado, in Scheiben geschnitten

einige Scheiben eingelegte Radieschen (siehe rechts)

FÜR DIE EINGELEGTEN RADIESCHEN

120 ml Reisweinessig (Asialaden)

40 g Zucker

1 TL feines Meersalz

4 Radieschen, geputzt, in feine Scheiben geschnitten

1 Die Reissprossen in einen mittelgroßen Topf geben und 240 ml kaltes Wasser angießen. Aufkochen, dann die Hitze reduzieren und den Reis zugedeckt 15–20 Minuten köcheln lassen, bis das Wasser eingekocht und der Reis fast weich ist.

2 Essig, Zucker und ¼ TL Salz in einen kleinen Topf geben und unter Rühren erhitzen, bis der Zucker sich vollständig aufgelöst hat. Das Dressing unter den Reis mischen und zugedeckt 5 Minuten ziehen lassen.

3 Kürbiskern-, Sonnenblumenkern- und Sesamsprossen unter den warmen Reis rühren. 1–2 Algenblätter beiseitelegen, den Rest über den Reis krümeln. Die Zutaten gut mischen.

4 Die warme Reismischung in eine Servierschüssel füllen. Salatgurke, Avocado und eingelegte Radieschenscheiben darauf anrichten. Restliche Algenblätter zerkrümeln und die Bowl damit bestreut servieren.

Keim-Zeit ...

Naturreis
Einweichen: 12–18 Stunden
Keimen: 2 Tage

Sesam
Einweichen: 2–8 Stunden
Keimen: 2–3 Tage

Kürbis- und Sonnenblumenkerne
Einweichen: 2–3 Stunden
Keimen: 1–2 Tage

Pro Portion: **Kalorien** 1022 · **Fett** 42 g · **Kohlenhydrate** 124 g · **Zucker** 3,4 g
Natrium 458 mg · **Ballaststoffe** 16 g · **Protein** 29 g

Eingelegte Radieschen

Essig, Zucker und Salz in einer Schüssel verrühren, bis der Zucker vollständig aufgelöst ist. Die Radieschen in ein kleines Glas mit Schraubverschluss geben, Essigmischung daraufgießen. Die Radieschen müssen vollständig bedeckt sein. Zuschrauben und vor dem Verzehr mindestens 1 Stunde kalt stellen (hält sich 1 Woche).

Harissa-Huhn-Bowl MIT REIS

Hühnerfleisch ist reich an Protein, das der Körper für Wachstum und Reparatur braucht.

FÜR 1 PERSON

- 1 Hähnchenbrustfilet oder 1 Hähnchenschenkel, klein geschnitten
- 2 EL Harissa-Marinade (siehe Seite 29)
- 50 g Natur-Basmatireis
- Salz
- 1 EL Olivenöl
- ½ rote Paprikaschote, in Streifen geschnitten
- ½ Zucchini, in Scheiben geschnitten
- 20 g Grünkohl, ohne Stiele, gehackt
- 1–2 EL Salsa verde (siehe Seite 29)
- 1 EL Mandelblättchen, leicht geröstet
- frisch gemahlener schwarzer Pfeffer

1 Den Backofen auf 200 °C Ober-/Unterhitze (180 °C Umluft) vorheizen.

2 Das Hähnchenfleisch mit der Harissa-Marinade in eine Schüssel legen und marinieren.

3 Inzwischen den Reis waschen und in einen Topf geben. Mit Wasser bedecken und mit 1 Prise Salz aufkochen. Anschließend die Hitze reduzieren und den Reis in 30 Minuten weich garen.

4 Die Hähnchenstücke auf ein Backblech legen und im vorgeheizten Backofen 10–15 Minuten garen.

5 Das Olivenöl in einer Grillpfanne erhitzen. Paprika, Zucchini und Grünkohl darin in 5 Minuten weich dünsten.

6 Den Reis abgießen und mit den Hähnchenstücken und dem Grillgemüse in eine Schüssel geben. Salsa verde daraufgeben und alles mit gerösteten Mandelblättchen bestreut servieren. Mit Salz und Pfeffer würzen.

Pro Portion: **Kalorien** 733 · **Fett** 35,8 g · **Kohlenhydrate** 58 g · **Zucker** 12,8 g · **Natrium** 429 mg · **Ballaststoffe** 6,9 g · **Protein** 50,5 g

Zucchinispiralen & RÖSTKICHERERBSEN

Kichererbsen liefern sehr viel Zink. Der Mineralstoff kräftigt das Immunsystem.

FÜR 1 PERSON

1 mittelgroße Möhre, in Scheiben

1 EL Olivenöl

1 Knoblauchzehe, gepresst

¼ TL gemahlener Kreuzkümmel

1 Prise Cayennepfeffer

¼ TL gemahlene Kurkuma

Salz und frisch gemahlener schwarzer Pfeffer

100 g gegarte Kichererbsen

30 g Grünkohl, ohne Stiele, gehackt

½ kleine Zucchini, in Spiralen geschnitten

1–2 EL Avocado-Pesto (siehe Seite 29), plus mehr als Topping

75 g Mozzarella, in Scheiben geschnitten

1–2 TL Balsamico-Glasur (siehe Seite 29)

1 EL Pinienkerne, geröstet

1 Den Backofen auf 200 °C Ober-/Unterhitze (180 °C Umluft) vorheizen. Die Möhrenscheiben auf einem Backblech verteilen und ½ EL Olivenöl, Knoblauch, Kreuzkümmel, Cayennepfeffer und Kurkuma daraufgeben. Mit Salz und Pfeffer würzen und 10 Minuten im Ofen rösten.

2 Herausnehmen und mit den Kichererbsen mischen. Darauf achten, dass alles mit den Gewürzen überzogen ist. Für weitere 10 Minuten in den Ofen schieben.

3 In einer kleinen Schüssel den Grünkohl mit dem restlichen Olivenöl (½ EL) und 1 Prise Salz vermengen. Mit den Händen verkneten. Das Backblech aus dem Ofen nehmen und den Grünkohl hinzufügen. Weitere 5 Minuten rösten.

4 Die Zucchinispiralen in eine Schüssel legen und mit kochendem Wasser übergießen. 1 Minute ziehen lassen, dann abgießen und wieder in die Schüssel legen. Das Pesto zugeben und die Zutaten vermengen, anschließend in eine Servierschüssel geben.

5 Geröstete Kichererbsen-Gemüse-Mischung daneben anrichten, Mozzarella und weiteres Pesto zufügen. Mit der Balsamico-Glasur beträufeln, mit Pinienkernen bestreuen und mit Salz und Pfeffer würzen.

Pro Portion: **Kalorien** 801 · **Fett** 62,6 g · **Kohlenhydrate** 31,9 g · **Zucker** 14,3 g
Natrium 563 mg · **Ballaststoffe** 13,2 g · **Protein** 30,6 g

Im Voraus zubereitet ...

Das Pesto hält sich 1–2 Tage, die Glasur 6 Monate im Kühlschrank.

Gewürzte Hirse MIT GEMÜSE

Hirse ist reich an Mineralien und B-Vitaminen und schenkt Ihnen neue Energie.

FÜR 1 PERSON

50 g Hirseflocken
75 g Butternut-Kürbis, geschält und gewürfelt
75 g Brokkolini (dünnstieliger Brokkoli)
⅓ kleine rote Paprikaschote, in Ringe geschnitten
½ EL Kokosöl
je ½ TL Senfkörner und Kreuzkümmelsamen
¼ Zwiebel, klein geschnitten
1 Knoblauchzehe, gepresst
½ TL entkernte, fein gehackte grüne Chilischote
1 TL geschälter, klein geschnittener Ingwer
½ TL Currypulver
175 ml Gemüsebrühe
Salz
25 g Cashewkerne
3 EL Naturjoghurt
½ EL Limettensaft
2 TL gehacktes Koriandergrün
1 Limettenspalte
frisch gemahlener Pfeffer

1 Die Hirse in eine Pfanne geben und bei starker Hitze in 3–5 Minuten goldgelb rösten. Herausnehmen und beiseitelegen.

2 Kürbis und Brokkoli in einen Dampfgarer oder einen Topf mit Dämpfeinsatz legen (möglichst getrennt voneinander) und in 4 Minuten weich dämpfen. Die Paprikaringe hinzugeben und 1 Minute mitgaren.

3 Das Öl in einem weiteren Topf stark erhitzen. Senfkörner und Kreuzkümmelsamen hineingeben und so lange erhitzen, bis sie platzen. Die Temperatur reduzieren. Zwiebel, Knoblauch, Chilischote und Ingwer zugeben und unter Rühren 2–3 Minuten anschwitzen, bis die Zwiebel weich ist. Currypulver einrühren und 2 Minuten weitergaren.

4 Hirseflocken und Brühe in den Topf geben und köcheln lassen, bis die Flüssigkeit eingekocht ist. Mit 1 Prise Salz würzen und beiseitestellen.

5 Die Cashewkerne in einer Pfanne bei mittlerer Hitze 3–4 Minuten anrösten.

6 Für das Dressing den Joghurt mit Limettensaft und Koriandergrün verrühren.

7 Hirse, Kürbis, Brokkoli und Paprika in einer Schüssel anrichten. Cashewkerne und das Dressing daraufgeben. Mit der Limettenspalte garnieren. Mit Salz und Pfeffer würzen.

Pro Portion: **Kalorien** 569 · **Fett** 25,2 g · **Kohlenhydrate** 67,2 g · **Zucker** 19,9 g · **Natrium** 1019 mg · **Ballaststoffe** 8,1 g · **Protein** 21,5 g

Gemüseeintopf MIT GERSTE & SORGHUM

Der erdige Kaltwetter-Eintopf vereint das Nussaroma von gekeimter Gerste mit der Süße von Wurzelgemüse.

FÜR 4 PERSONEN

- 4 EL Olivenöl
- 300 g Steckrüben, gewürfelt
- 3 mittelgroße Möhren, klein geschnitten
- 300 g Pastinaken, klein geschnitten
- 1 Zwiebel, fein gehackt
- 2 Stangen Staudensellerie, geputzt, fein gehackt
- 100 g Gerstensprossen (siehe Seite 20)
- 200 g Sorghum
- 2 l Gemüsebrühe
- 1 TL gehackter Thymian
- Salz und frisch gemahlener schwarzer Pfeffer
- 10 g fein gehackte Petersilie

! Gegarte Sorghumkörner (oder -samen) sind sehr nahrhaft, sollten aber nicht vor der Verarbeitung eingeweicht werden oder keimen. Dadurch würden möglicherweise giftige Substanzen freigesetzt.

1 Das Olivenöl in einem großen Suppentopf erhitzen. Steckrüben, Möhren und Pastinaken darin bei mittlerer Hitze unter gelegentlichem Wenden in 5 Minuten leicht bräunen. Dann herausnehmen und beiseitestellen.

2 Zwiebel und Sellerie in den Topf geben und bei mittlerer Hitze in 3 Minuten weich dünsten, aber nicht bräunen. Gerstensprossen und Sorghum hinzufügen und weitere 2 Minuten anbraten, bis beides leicht Farbe angenommen hat.

3 Gemüsebrühe und Thymian in den Topf geben, mit Salz und Pfeffer würzen. Aufkochen, anschließend zugedeckt 40 Minuten köcheln lassen. Die Körner sind danach noch nicht vollständig gegart.

4 Den Deckel abnehmen und die Temperatur erhöhen. Gebräuntes Wurzelgemüse und Petersilie zugeben und wieder zum Kochen bringen. Die Temperatur reduzieren und den Eintopf zugedeckt weitere 20 Minuten bei geringerer Hitze köcheln lassen, bis das Gemüse weich und die Brühe reduziert ist. Mit Salz und Pfeffer abschmecken und sofort servieren.

Keim-Zeit …

Gerste
Einweichen: 6–12 Stunden
Keimen: 2 Tage

Pro Portion: **Kalorien** 507 · **Fett** 15 g · **Kohlenhydrate** 74 g · **Zucker** 16 g · **Natrium** 560 mg · **Ballaststoffe** 13 g · **Protein** 12 g

Der hohe Ballaststoffgehalt von **GERSTE** kann **CHOLESTERIN SENKEN**

Lachs auf Hirse
MIT GEMÜSESTREIFEN

Teff, die glutenfreie Zwerghirse, ist eine hervorragende Quelle für Protein, Eisen und Kalzium.

FÜR 1 PERSON

½ rote Paprikaschote, längs halbiert, geputzt

½ Zucchini, längs in dünne Scheiben geschnitten

100 ml Olivenöl

2 große Knoblauchzehen, halbiert

Salz und frisch gemahlener schwarzer Pfeffer

50 g brauner oder weißer Teff (Zwerghirse)

200 ml Gemüsebrühe

1 kleines Lachsfilet (mit oder ohne Haut)

1 TL Kapern

1 EL Schnittlauchröllchen

1 Stängel Dill

1 Zitronenspalte

1 Den Backofengrill einschalten. Die Paprikaschote mit der Haut nach oben etwa 8 Minuten rösten, bis die Haut schwarz wird und Blasen wirft. Die Zucchinischeiben 2 Minuten grillen. Das Gemüse herausnehmen und beiseitelegen.

2 Das Olivenöl in ein großes Glas gießen und den Knoblauch hinzufügen. Die abgekühlte Paprikahälfte häuten und in schmale Streifen schneiden.

3 Die Paprika- und Zucchinistreifen ebenfalls in das Glas legen, Salz und Pfeffer hinzufügen. Die Zutaten zugedeckt im Kühlschrank mindestens 1 Stunde marinieren.

4 Den Teff mit der Brühe in einen kleinen Topf geben und zugedeckt 15 Minuten garen, bis die Flüssigkeit eingekocht ist.

5 Das Lachsfilet unter dem Backofengrill 10–15 Minuten garen, nach der Hälfte der Zeit wenden. Dann abkühlen lassen und gegebenenfalls die Haut abziehen.

6 Den Teff mit einer Gabel auflockern und in eine Servierschüssel füllen. Lachsfilet und mariniertes Gemüse darauf anrichten. Mit Kapern, Kräutern und Zitronenspalte garnieren. Mit Salz und Pfeffer würzen.

Pro Portion: **Kalorien** 1319 · **Fett** 113,6 g · **Kohlenhydrate** 46,5 g · **Zucker** 5,9 g
Natrium 1231 mg · **Ballaststoffe** 6,5 g · **Protein** 30,1 g

Bohnensprossen-Burger MIT CASHEW-MAYO

Die sättigenden Burger können Sie auch mit gekeimten Linsen, Kichererbsen oder weißen Bohnen zubereiten.

FÜR 4 PERSONEN

450 g gemischte Bohnensprossen (siehe Seite 20)

5 EL Olivenöl

60 g Champignons, fein gewürfelt

150 g Semmelbrösel

½ kleine Zwiebel, fein gerieben

2 EL fein gehackte Petersilie

2 TL Worcestersauce

1 Ei (Größe L), leicht verquirlt

Salz und frisch gemahlener schwarzer Pfeffer

120 g Cashewkerne, 3 Stunden eingeweicht

2 EL Zitronensaft

1 kleine Knoblauchzehe, gepresst

ZUM SERVIEREN

4 Hamburger-Brötchen, getoastet

Avocado- und Tomatenscheiben

1 Handvoll Alfalfasprossen

1 Die Bohnensprossen mit kaltem Wasser in einen Topf geben und zum Kochen bringen. Die Temperatur reduzieren und die Bohnensprossen in 35–40 Minuten weich garen. Abgießen, abspülen, abtropfen und abkühlen lassen.

2 Dann 2 EL Olivenöl in einer Pfanne erhitzen. Die Pilze darin bei mittlerer Hitze 5–7 Minuten dünsten. Abkühlen lassen.

3 Bohnensprossen, Pilze, Semmelbrösel, Zwiebel, Petersilie, Worcestersauce und Ei in eine Küchenmaschine geben, Salz und Pfeffer hinzufügen. Die Zutaten gründlich mixen, das Ganze sollte jedoch noch etwas Textur behalten. Mit angefeuchteten Händen vier Bratlinge daraus formen. Abgedeckt 1 Stunde kalt stellen.

4 Inzwischen für die Cashew-Mayo die Casherkerne abgießen und mit dem Zitronensaft, 1 EL Olivenöl sowie Knoblauch und 5–6 EL Wasser glatt pürieren. Kalt stellen.

5 Das restliche Öl (2 EL) in einer Pfanne erhitzen. Die Bratlinge bei mittlerer Hitze von jeder Seite in 3–4 Minuten braun braten. Die Brötchen durchschneiden, die Bratlinge darauf anrichten und mit Avocado- und Tomatenscheiben, Cashew-Mayo und Alfalfasprossen garnieren. Nach Belieben mit Pfeffer übermahlen.

Keim-Zeit ...

Gemischte Bohnen
Einweichen: 8–12 Stunden
Keimen: 3 Tage

Pro Portion: **Kalorien** 818 · **Fett** 42 g · **Kohlenhydrate** 82 g · **Zucker** 8 g · **Natrium** 1013 mg · **Ballaststoffe** 6 g · **Protein** 25 g

Gemüsepfanne MIT QUINOASPROSSEN

Ingwer, Knoblauch und Sesam geben dem Gericht die besondere Note. Schnell zubereitet, ist es ideal für den Alltag.

FÜR 2 PERSONEN

2 EL Pflanzenöl
2 TL Sesamöl
1 Möhre, in dünnen Streifen
¼ rote Zwiebel, in Streifen
½ Zucchini, in dünnen Streifen
60 g Mungobohnensprossen (siehe Seite 20)
60 g Wirsing, klein geschnitten
2 EL geschälter, fein gehackter Ingwer
2 Knoblauchzehen, gepresst
1 Chilischote, entkernt, fein gehackt
450 g Quinoasprossen (siehe Seite 20)
2 EL schwarze Sesamsprossen (siehe Seite 20)
2 EL salzreduzierte Sojasauce

1 Einen Wok oder eine große Pfanne stark erhitzen und beide Ölsorten hineingeben. Sobald das Öl richtig heiß ist, die Möhre darin 1 Minute unter Rühren anbraten. Zwiebel und Zucchinistreifen hinzufügen und 1 Minute mitbraten. Mungobohnensprossen, Wirsing, Ingwer, Knoblauch und Chilischote einrühren und 1 Minute weitergaren.

2 Anschließend Quinoa- und Sesamsprossen dazugeben und bei starker Hitze unter gelegentlichem Umrühren braten, bis die Quinoa leicht gebräunt ist. Das dauert etwa 2 Minuten. Dann die Sojasauce unterrühren und 1 Minute heiß werden lassen. Die Gemüsepfanne sofort servieren.

Keim-Zeit …

Mungobohnen	Quinoa	Sesam
Einweichen: 8–12 Stunden	Einweichen: 30 Minuten	Einweichen: 6 Stunden
Keimen: 3 Tage	Keimen: 2 Tage	Keimen: 3 Tage

Pro Portion: **Kalorien** 565 · **Fett** 28 g · **Kohlenhydrate** 56 g · **Zucker** 7 g · **Natrium** 567 mg · **Ballaststoffe** 12 g · **Protein** 16 g

Schwarze-Bohnen-BURRITO-BOWL

Das mexikanische Gericht liefert viele Ballaststoffe sowie Protein und hält Sie so schön lange satt.

FÜR 1 PERSON

- 50 g Natur-Basmatireis
- ½ EL Kokosöl
- ¼ Zwiebel, klein geschnitten
- 1 Knoblauchzehe, gepresst
- 1 TL entkernte, fein gehackte rote Chilischote
- 75 g gegarte schwarze Bohnen
- 1 EL gehacktes Koriandergrün, plus etwas mehr zum Garnieren
- 6 Cocktailtomaten, halbiert
- 3–4 EL Guacamole (siehe Seite 29)
- 2 EL saure Sahne
- 1 Limettenspalte

1 Den Reis in einen Topf geben, mit Wasser bedecken und zum Kochen bringen. Anschließend die Hitze reduzieren und den Reis zugedeckt in 30 Minuten weich garen.

2 Inzwischen das Öl in einer Pfanne erhitzen und Zwiebel und Knoblauch darin in 5 Minuten weich garen.

3 Chilischote in die Pfanne geben und 2 Minuten mitdünsten.

4 Bohnen und Koriandergrün einrühren, weitere 2 Minuten dünsten, bis die Bohnen erwärmt sind.

5 Den Reis abgießen und in eine Schale füllen.

6 Tomaten, Guacamole und Bohnen darauf anrichten.

7 Saure Sahne daraufgeben und alles mit Koriandergrün und Limette garniert servieren.

Pro Portion: **Kalorien** 549 · **Fett** 27,9 g · **Kohlenhydrate** 65 g · **Zucker** 10 g
Natrium 338 mg · **Ballaststoffe** 9 g · **Protein** 12,7 g

Bohnen-Quesadilla MIT SÜSSKARTOFFEL

Das warme Aroma von geräucherter Paprika und scharfer Chilischote geben den Quesadillas einen Touch von Texmex.

ERGIBT 6 STÜCK

- 350 g Schwarze-Bohnen-Sprossen (siehe Seite 20)
- 1 große Süßkartoffel (ca. 300 g), geschält, gewürfelt
- 6 Frühlingszwiebeln, fein gehackt
- 1 geh. EL Zuckermaiskörner
- ½ Jalapeño- oder eine andere Chilischote, entkernt, fein gehackt
- 30 g Koriandergrün, fein gehackt
- ½ TL geräuchertes Paprikapulver
- Salz und frisch gemahlener schwarzer Pfeffer
- 115 g geriebener Käse, z. B. Cheddar
- Olivenöl zum Braten
- 12 Mais- oder Weizenmehltortillas (15 cm Ø)

1 Die Bohnensprossen mit kaltem Wasser in einen Topf geben und zum Kochen bringen. Die Temperatur reduzieren und die Bohnensprossen zugedeckt in 30 Minuten weich garen. Abgießen, abspülen, abtropfen und abkühlen lassen.

2 Die Süßkartoffel in einen Topf geben, reichlich Wasser daraufgießen. Aufkochen und bei reduzierter Hitze in 15–20 Minuten weich garen. Abgießen.

3 Die Bohnensprossen in eine flache Schüssel geben und teilweise zerdrücken. Die Süßkartoffel zugeben und zerdrücken. Frühlingszwiebeln, Mais, Chilischote, Koriandergrün und geräuchertes Paprikapulver hinzufügen und alle Zutaten gründlich vermengen. Mit Salz und Pfeffer abschmecken und die Hälfte des Käses unterrühren.

4 Etwas Olivenöl in einer großen Pfanne erhitzen. Ein Sechstel der Bohnenmischung auf einer Tortilla verstreichen, mit einem Sechstel des restlichen Käses bestreuen und mit einer zweiten Tortilla belegen und diese etwas andrücken. 2–3 Minuten von jeder Seite goldgelb backen, der Käse sollte dabei schmelzen. Die restlichen Quesadillas ebenso zubereiten. Sofort servieren.

Keim-Zeit …

Schwarze Bohnen
Einweichen: 8–12 Stunden
Keimen: 3 Tage

Pro Stück: **Kalorien** 691 · **Fett** 16 g · **Kohlenhydrate** 101 g · **Zucker** 9 g
Natrium 817 mg · **Ballaststoffe** 14 g · **Protein** 28 g

Adzukibohnen-Curry MIT SPINAT

In diesem köstlichen Curry werden nussige Adzukibohnen mit herzhaften Pilzen und cremiger Kokosmilch kombiniert.

FÜR 4 PERSONEN

350 g Adzukibohnensprossen (siehe Seite 20)
3 EL Kokosöl
1 Zwiebel, fein gehackt
2 Knoblauchzehen, gepresst
1 Stück frischer Ingwer (5 cm), geschält, fein gerieben
225 g Champignons, geputzt, geviertelt
1 geh. EL Currypulver
400 ml Kokosmilch (aus der Dose)
500 ml Gemüsebrühe
115 g junge Spinatblätter
Salz und frisch gemahlener schwarzer Pfeffer

1 Die Adzukibohnensprossen in einen mittelgroßen Topf geben, mit kaltem Wasser bedecken und zum Kochen bringen. Die Hitze reduzieren und die Bohnen offen 20 Minuten köcheln lassen, bis sie gerade weich sind. Abgießen.

2 Das Kokosöl in einem großen Topf erhitzen. Die Zwiebel darin bei mittlerer Hitze 3 Minuten anschwitzen, aber nicht bräunen. Knoblauch und Ingwer hinzufügen und 1 Minute mitdünsten. Dann die Pilze in den Topf geben und 5 Minuten braten, bis sie leicht gebräunt sind. Bei schwacher Hitze Currypulver einrühren und unter ständigem Rühren 1 Minute mitdünsten.

3 Kokosmilch, Gemüsebrühe und Bohnensprossen hinzufügen, aufkochen, bei schwacher Hitze zugedeckt 40 Minuten köcheln lassen. Danach sollten die Bohnensprossen weich sein.

4 Den Deckel abnehmen, die Temperatur erhöhen und den Spinat nach und nach hinzugeben. In jeweils 2–3 Minuten die Blätter in sich zusammenfallen lassen, erst dann weitere hinzugeben. Mit Salz und Pfeffer abschmecken und sofort servieren.

Keim-Zeit ...

Adzukibohnen
Einweichen: 8–12 Stunden
Keimen: 4 Tage

Pro Portion: **Kalorien** 549 · **Fett** 26,5 g · **Kohlenhydrate** 48 g · **Zucker** 4,5 g · **Natrium** 333 mg · **Ballaststoffe** 16 g · **Protein** 22 g

ENERGIE-BÄLLCHEN

Köstliche Snacks, und alle ganz natürlich!

Immer mehr Menschen wünschen sich gesunde Snacks, die sie im hektischen Alltag zwischen Job und Familie ohne Schuldgefühle knabbern können.

Hier kommen die Energiebällchen ins Spiel!

Die Snacks in diesem Kapitel sind vegetarisch, gluten- und laktosefrei, sie liefern jede Menge Energie und Proteine. Einige sind »raw«, keiner wird mit raffiniertem Zucker zubereitet.

In den Bällchen steckt nur Gutes, und sie lassen sich auch für unterwegs mitnehmen.

Es gibt kaum etwas Besseres!

Die Energiebällchen-FORMEL

Nüsse + *Trockenfrüchte* + *Pulver* + *klebriges Zeug* + *Überzug* = tada!

Nüsse

125 g

MANDELN

WALNUSSKERNE

CASHEWKERNE

PEKANNÜSSE

Trockenfrüchte

250 g

APRIKOSEN

DATTELN

GOJIBEEREN

ROSINEN

Es gibt Hunderte von Möglichkeiten, das perfekte Bällchen zusammenzustellen. Hier finden Sie Anregungen, wie Sie mit ein paar Grundzutaten Ihre eigenen Energiebällchen kreieren. Was genau Sie verwenden – *Früchte, Nüsse und Samen, Pulver,* dazu *klebriges Zeug,* das alles zusammenhält –, hängt davon ab, was vorrätig ist und worauf Sie Lust haben! Suchen Sie sich *eine Zutat* aus *jeder Kategorie* aus (eine Kombination aus derselben Kategorie geht auch, wenn Sie das angegebene Verhältnis wahren, und falls Sie allergisch auf Nüsse reagieren, lassen Sie diese weg). Vermengen Sie die Zutaten in einer Küchenmaschine, dann *formen Sie daraus Bällchen,* wälzen diese in einem Überzug und stellen sie für 1 Stunde kalt (wenn Sie so lange warten können). So einfach ist das!

Zweierlei BUCHWEIZENBÄLLCHEN

Der glutenfreie Buchweizen macht die Bällchen leicht verdaulich.

ERGIBT 16 STÜCK

- 50 g getrocknete Cannellini-Bohnen, über Nacht eingeweicht (Gargewicht etwa 100 g)
- 100 g geschälter Buchweizen
- 175 g rohe Rote Bete, ungeschält, grob gehackt
- 1 große Möhre, ungeschält, grob gehackt
- 50 g Paranüsse
- 2 EL geschälte Hanfsamen
- 4 Knoblauchzehen, gepresst
- 2 EL Kokosöl
- 2 EL Apfelessig
- 4 EL gehackte Petersilie
- Salz und frisch gemahlener schwarzer Pfeffer

1 Die eingeweichten Cannellini-Bohnen abgießen und unter fließendem kaltem Wasser abspülen. Mit 300 ml kochendem Wasser in einen Topf geben, zum Kochen bringen, anschließend zugedeckt in 20 Minuten weich köcheln. Abgießen, beiseitestellen.

2 Den Buchweizen unter kaltem Wasser abspülen. Mit 300 ml kochendem Wasser in einen Topf geben und wieder zum Kochen bringen. Zugedeckt in 10 Minuten weich, aber nicht »matschig« garen. Abgießen und beiseitestellen. Rote Bete und Möhre in einem Topf mit Dämpfeinsatz in 15–20 Minuten weich dämpfen.

3 Paranüsse, Hanfsamen, Knoblauch, Kokosöl und Apfelessig in der Küchenmaschine pürieren. In eine Schüssel füllen. Die Hälfte der Masse wieder in die Küchenmaschine geben, die Möhren hinzufügen und pürieren. Beiseitestellen.

4 Die Rote Bete und die zweite Hälfte Püree in die Küchenmaschine geben und pürieren. In eine weitere Schüssel füllen und beiseitestellen. Buchweizen und Petersilie auf die Schüsseln aufteilen, beide Mischungen mit Salz und Pfeffer würzen und so lange umrühren, bis das Ganze eine schöne Farbe und eine klebrige Konsistenz hat. Den Backofen auf 200 °C Ober-/Unterhitze (180 °C Umluft) vorheizen.

5 Ein großes Backblech mit Backpapier belegen. Aus den beiden Mischungen je acht gleich große Bällchen formen und diese 20 Minuten backen. Einige Minuten auf einem Rost abkühlen lassen, dann noch heiß oder kalt servieren.

Pro Stück: **Kalorien** 81 · **Fett** 4,2 g · **Kohlenhydrate** 8,8 g · **Zucker** 1,8 g
Natrium 11 mg · **Ballaststoffe** 1,7 g · **Protein** 2,3 g

Super Tipp

Die Masse ist klebrig. Formen Sie daher die Bällchen mit angefeuchteten Händen.

Von Hand gemacht

Das Rezept funktioniert auch ohne Küchenmaschine: Hacken Sie die Zutaten fein und vermischen Sie sie gut. Ersetzen Sie die Paranüsse in diesem Fall durch 50 g Paranussmus.

Knabberbällchen MIT GRÜNEN ERBSEN

Proteinreiche Edamame-Bohnen mit vielen Aminosäuren machen diesen Knabbergenuss ideal für Vegetarier.

ERGIBT 16 STÜCK

175 g grüne Erbsen (frisch oder TK)

175 g Edamame-Bohnen

Salz

50 g Haferflocken

3 EL Erdnuss-, Mandel- oder Cashewmus

3 EL geschälte Hanfsamen

2 TL Matchapulver (nach Belieben)

1 Zitrone

frisch gemahlener schwarzer Pfeffer

1½–3 EL Kokosöl zum Braten

1 Erbsen und Bohnen in leicht gesalzenem Wasser knapp weich garen, dann abgießen und abkühlen lassen.

2 Die leicht abgekühlten Erbsen und Bohnen in eine Küchenmaschine geben. Haferflocken, Nussmus, Hanfsamen und nach Belieben Matchapulver hinzufügen.

3 Die Zitrone auspressen und die Hälfte des Saftes zu der Mischung hinzugeben. Die Zutaten zu einer zähen Masse pürieren. In eine Schüssel geben und mit Salz, Pfeffer und restlichem Zitronensaft abschmecken.

4 Aus der Masse 16 gleich große Bällchen rollen.

5 1½ EL Kokosöl in einer Pfanne stark erhitzen und die Bällchen darin rundherum braten. (Wenn die Bällchen portionsweise gebraten werden, zwischendurch mehr Öl hinzufügen.)

Pro Stück: **Kalorien** 114 · **Fett** 7,7 g · **Kohlenhydrate** 5,2 g · **Zucker** 1,5 g · **Natrium** 33 mg · **Ballaststoffe** 2 g · **Protein** 6,2 g

Nuss-Samen-POWERBÄLLCHEN

Der ballaststoffreiche Snack schenkt Energie und hält den Blutzuckerspiegel stabil.

ERGIBT 16 STÜCK

60 g Kichererbsen, über Nacht eingeweicht (Gargewicht etwa 150 g)

Salz

30 g Naturreis (Gargewicht etwa 100 g)

100 g rote Spaltlinsen (Gargewicht etwa 200 g)

75 g Brokkoli, gehackt

½ rote Paprikaschote, fein gehackt

1 Stange Staudensellerie, fein gehackt

je 25 g Kürbis- und Sonnenblumenkerne

1 TL Thymianblättchen

85 g Cashewkerne

50 g ganze Mandeln

½ TL Tamari-Sojasauce

1 TL braune Misopaste

frisch gemahlener schwarzer Pfeffer

Sesam oder Chiasamen, zum Wälzen (nach Belieben)

1 Die eingeweichten Kichererbsen abgießen und mit kaltem Wasser abspülen. Mit 300 ml kochendem Salzwasser in einen Topf geben, nochmals aufkochen und bei reduzierter Hitze zugedeckt in 1 Stunde weich, aber nicht »matschig« köcheln lassen. Sie sollten noch etwas Biss haben. Abgießen.

2 Den Reis in Salzwasser aufkochen und in 30 Minuten weich garen. Abgießen.

3 Die Linsen mit kaltem Wasser abspülen, mit 300 ml kochendem Salzwasser in einen Topf geben und nochmals zum Kochen bringen. Zugedeckt in 10 Minuten weich, aber nicht »matschig« garen. Abgießen.

4 Reis, Linsen, Brokkoli, Paprika, Sellerie (jeweils ungegart), Kürbis- und Sonnenblumenkerne sowie Thymian in einer großen Schüssel mischen. Kichererbsen, Cashewkerne, Mandeln, Sojasauce und Miso in eine Küchenmaschine geben und zu einer groben Paste verarbeiten (nicht zu lange, es soll kein Püree werden). Die Masse in die große Schüssel geben, unterarbeiten und alles mit Salz und Pfeffer würzen.

5 Den Backofen auf 200 °C Ober-/Unterhitze (180 °C Umluft) vorheizen, ein Backblech mit Backpapier belegen. Aus der Masse 16 gleich große Bällchen rollen, nach Belieben in Sesam oder Chiasamen wälzen und auf das Backblech legen.

6 Die Bällchen in 20 Minuten goldgelb backen. Auf einem Kuchengitter einige Minuten abkühlen lassen, dann heiß oder auch kalt servieren.

Pro Stück: **Kalorien** 111 · **Fett** 6,2 g · **Kohlenhydrate** 9,3 g · **Zucker** 1,2 g · **Natrium** 26 mg · **Ballaststoffe** 1,8 g · **Protein** 5,1 g

Von Hand gemacht

Ersetzen Sie Mandeln und Cashewkerne durch 50 g Mandelmus und 85 g Cashewmus. Die Kichererbsen müssen gut zerdrückt mit Nussmus, Sojasauce und Miso vermengt werden. Alles zur Reis-Gemüse-Mischung geben und verrühren. Anschließend mit Salz und Pfeffer würzen.

Hanfsamen-QUINOA-CRUNCHER

In ihnen schlummern fünf der besten Superfoods für mehr Vitalität.

ERGIBT 16 STÜCK

200 g rohe Rote Bete
Saft von 1 Zitrone
75 g Quinoa
300 ml Gemüsebrühe
½–1 rote Chilischote, entkernt, fein gehackt
1 Knoblauchzehe, gepresst
1 EL gehackte Petersilie
50 g Pekannüsse, gehackt
2 TL gemahlener Kreuzkümmel
1 Prise geräuchertes Paprikapulver
50 g Kichererbsenmehl
Salz, frisch gemahlener Pfeffer
75 g geschälte Hanfsamen
1½–3 EL Kokosöl zum Braten

Variante

Die Bällchen auf ein leicht gefettetes Backblech legen und im Ofen bei 180 °C (160 °C Umluft) 20–25 Minuten backen.

1 Den Backofen auf 180 °C Ober-/Unterhitze (160 °C Umluft) vorheizen. Die ganze Rote-Bete-Knolle in eine Backform legen, die Form mit Alufolie verschließen und die Rote Bete 1 Stunde im Ofen garen. Danach sollten sie sehr weich sein.

2 Die abgekühlte Rote Bete pellen, in Stücke schneiden und mit der Hälfte des Zitronensaftes in der Küchenmaschine pürieren oder per Hand zerdrücken. Das Püree in eine große Schüssel füllen.

3 Die Quinoa in ein Sieb geben und mit kaltem Wasser abspülen, abtropfen lassen. Die Brühe in einem Topf aufkochen, die Quinoa hineingeben und alles nochmals zum Kochen bringen. Die Hitze reduzieren und die Quinoa zugedeckt 20 Minuten garen. Die Flüssigkeit sollte dann eingekocht sein. Quinoa in ein Sieb schütten, abtropfen und abkühlen lassen.

4 Die Quinoa zu der Roten Bete geben, Chilischote, Knoblauch und Petersilie hinzufügen, dann Pekannüsse, Kreuzkümmel, Paprikapulver und Kichererbsenmehl unterarbeiten. Mit Salz, Pfeffer und restlichem Zitronensaft abschmecken.

5 Aus der Masse 16 gleich große Bällchen formen. Hanfsamen auf die Arbeitsfläche geben und die Bällchen darin wälzen.

6 Eine große Pfanne stark erhitzen und etwa 1½ EL Öl hineingeben. Die Bällchen darin goldgelb braten. (Wenn die Bällchen portionsweise gebraten werden, zwischendurch noch mehr Kokosöl hinzufügen.)

Pro Stück: **Kalorien** 80 · **Fett** 4,8 g · **Kohlenhydrate** 6,2 g · **Zucker** 1,5 g
Natrium 32 mg · **Ballaststoffe** 1 g · **Protein** 3,4 g

Süßkartoffel-Chili-HAPPEN

Kurkuma, Chili und Kreuzkümmel bringen den Stoffwechsel in Schwung.

ERGIBT 16 STÜCK

85 g getrocknete Kichererbsen, über Nacht eingeweicht (Gargewicht etwa 200 g)

200 g Süßkartoffeln, ungeschält, gehackt

1 EL Kokosöl

½ rote Zwiebel, fein gehackt

2 Knoblauchzehen, gepresst

1 TL gemahlene Kurkuma

1 TL gemahlener Kreuzkümmel

1 ½ TL entkernte, fein gehackte rote Chilischote

Saft von ½ Zitrone

2 EL Tahin (Sesammus)

30 g grob gehacktes Koriandergrün

Salz und frisch gemahlener schwarzer Pfeffer

1 Die Kichererbsen abgießen und mit kaltem Wasser abspülen. Mit 500 ml kochendem Wasser in einen Topf geben und zugedeckt in 1 Stunde weich köcheln lassen.

2 Die Süßkartoffelstücke in einem Topf mit Dämpfeinsatz in 15 Minuten weich dämpfen.

3 Inzwischen das Kokosöl in einer Pfanne erhitzen und Zwiebel und Knoblauch bei mittlerer Hitze darin weich garen. Kurkuma, Kreuzkümmel und Chilischote zugeben und alles noch 2 Minuten dünsten.

4 Anschließend den Backofen auf 200 °C Ober-/Unterhitze (180 °C Umluft) vorheizen.

5 Kichererbsen, Süßkartoffeln, Zitronensaft, Tahin und Koriander in eine Küchenmaschine geben und in 10 Sekunden ein wenig vermengen – nicht zu lange verarbeiten.

6 Die Masse in eine Schüssel füllen und die Zwiebelmischung hinzugeben. Mit Salz und Pfeffer würzen und gut verrühren.

7 Aus der Masse 16 gleich große Bällchen formen. Auf ein mit Backpapier belegtes Backblech legen und 20 Minuten im vorgeheizten Ofen backen.

8 Herausnehmen und auf einem Kuchengitter einige Minuten abkühlen lassen, dann heiß servieren. Alternativ kalt reichen.

Pro Stück: **Kalorien** 60 · **Fett** 3,3 g · **Kohlenhydrate** 5,9 g · **Zucker** 1,3 g
Natrium 9 mg · **Ballaststoffe** 1,7 g · **Protein** 2,2 g

Von Hand gemacht

Sie können die Bällchen auch mithilfe eines Stabmixers oder von Hand zubereiten. Süßkartoffeln und Kichererbsen sehr gut zerkleinern bzw. zerdrücken, erst dann Zitronensaft, Tahin und Koriander unterrühren.

Brokkoli-Haselnuss-KRAFTPAKETE

Reichlich B-Vitamine sowie Vitamin C stärken die Immunabwehr und schenken Energie.

ERGIBT 16 STÜCK

- 50 g Sonnenblumenkerne
- 100 g Haselnüsse
- 200 g Brokkoli, gehackt
- ½ kleine Zwiebel (etwa 25 g), fein gehackt
- 2 Knoblauchzehen, gepresst
- 3 EL Kokosöl, plus etwas mehr zum Braten
- 2 EL Tahin (Sesammus)
- 1 EL Macapulver (nach Belieben)
- ¼ TL gemahlene Muskatnuss
- Salz und frisch gemahlener schwarzer Pfeffer

1 Die Sonnenblumenkerne in der Küchenmaschine verarbeiten, bis sie die Konsistenz von Semmelbröseln haben. Restliche Zutaten, außer Salz und Pfeffer, hinzufügen und weitermixen, bis die Masse an eine Paste erinnert.

2 In eine Schüssel geben und nach Geschmack würzen.

3 Aus der Mischung 16 gleich große Bällchen formen und vor dem Essen 1 Stunde kalt stellen.

Variante

Sie können die Bällchen auch heiß essen. Dafür eine Pfanne stark erhitzen, 1½ EL Kokosöl zerlassen und die Bällchen rundherum goldgelb braten (gegebenenfalls portionsweise braten und zwischendurch mehr Öl zugeben).

Alternativ auf einem leicht gefetteten Backblech verteilen und in den vorgeheizten Ofen schieben. Bei 180 °C (160 °C Umluft) 20–25 Minuten backen.

Pro Stück: **Kalorien** 107 · **Fett** 9,8 g · **Kohlenhydrate** 2 g · **Zucker** 1 g · **Natrium** 3 mg · **Ballaststoffe** 1,9 g · **Protein** 2,9 g

Super Tipp

Bereiten Sie die Bällchen im Voraus zu und frieren Sie diese ein. Dann müssen sie nur noch aufgetaut werden.

Grünkohl-KOKOSNUSS-BÄLLCHEN

Diese Häppchen mit reichlich Protein machen lange satt.

ERGIBT 18 STÜCK

2½–4 EL Kokosöl

½ Zwiebel, fein gehackt

½–1 grüne Chilischote, entkernt, fein gehackt

½ TL gemahlene Kurkuma

1½ TL Garam Masala

1 Prise gemahlener Zimt

1 Prise gemahlene Nelken

400 ml Kokosmilch

50 g Kokosraspel

100 g getrocknete grüne Linsen

Salz und frisch gemahlener schwarzer Pfeffer

Saft von 1–2 Limetten

3 hart gekochte Eier, gehackt

2 EL gehacktes Koriandergrün

ZUM WÄLZEN

4 EL Buchweizenmehl

2 Eier

1 große Handvoll geputzter, fein geschnittener Grünkohl

50 g Kürbiskerne, gehackt

1 2 EL Kokosöl in einem kleinen Topf erhitzen und Zwiebel und Chilischote darin 5 Minuten anschwitzen, aber nicht bräunen. Gewürze einrühren und einige Minuten weiterbraten.

2 Kokosmilch und Kokosraspel einrühren und zum Kochen bringen. Die Linsen hinzufügen und bei reduzierter Hitze 20–25 Minuten köcheln lassen, bis sie sehr weich sind und die Flüssigkeit eingekocht ist. Ab und zu umrühren.

3 Topf vom Herd nehmen und die Linsen etwas abkühlen lassen. Dann in der Küchenmaschine zu einer grobkörnige Masse verarbeiten. In eine Schüssel füllen, mit Salz, Pfeffer und Limettensaft abschmecken. Eier und Koriander untermengen. Aus der Masse 18 gleich große Bällchen formen und beiseitelegen.

4 Das Mehl auf einen Teller geben und mit Salz und Pfeffer würzen. In einer Schüssel die Eier leicht verquirlen. Grünkohl und Kürbiskerne auf einem Backblech mischen.

5 Jedes Bällchen erst im Mehl wälzen, dann durch die Eiermasse ziehen – überschüssiges Ei abtropfen lassen –, zuletzt in der Grünkohl-Kürbiskern-Mischung wälzen.

6 Eine Pfanne stark erhitzen und 1½ EL Kokosöl hineingeben. Die Grünkohl-Kokosnuss-Bällchen rundherum goldgelb braten. (Wenn die Bällchen portionsweise gebraten werden, zwischendurch mehr Öl hinzufügen.) **Vorsicht:** Der Grünkohl lässt das Öl ein wenig spritzen.

Pro Stück: **Kalorien** 88 · **Fett** 5 g · **Kohlenhydrate** 7 g · **Zucker** 1,7 g · **Natrium** 48 mg · **Ballaststoffe** 1,7 g · **Protein** 4,5 g

Tropische IMMUNSYSTEM-BOOSTER

Die in den Bällchen enthaltene entzündungshemmende Kurkuma kann vor Erkältungen und grippalen Infekten schützen.

ERGIBT 16 STÜCK

140 g getrocknete Mango

30 g Gojibeeren

140 g Cashewkerne

60 g Kokosraspel, plus mehr zum Wälzen

1 EL Baobabpulver (nach Belieben)

1¼ TL gemahlene Kurkuma

1 TL Hagebuttenpulver (nach Belieben)

abgeriebene Schale und Saft von 1 Bio-Limette

1 Alle Zutaten in einer Küchenmaschine zerkleinern, bis alles fein gehackt ist.

2 Währenddessen nach und nach 2–4 EL kaltes Wasser dazugeben, bis die Zutaten sich verbinden und einen lockeren Klumpen bilden.

3 Aus der Masse 16 gleich große Bällchen formen.

4 Die Kokosraspel auf einen Teller streuen und die Bällchen darin wälzen.

5 Die Bällchen 1 Stunde in den Kühlschrank stellen oder 20 Minuten gefrieren, damit sie fest werden. Am besten kalt servieren. Auch zum Mitnehmen in einer Lunchbox eignen sie sich prima!

Pro Stück: **Kalorien** 92 · **Fett** 4,6 g · **Kohlenhydrate** 11 g · **Zucker** 10,5 g
Natrium 6 mg · **Ballaststoffe** 1,2 g · **Protein** 2 g

Von Hand gemacht

Die Mango fein hacken (gegebenenfalls vorher 5 Minuten in Wasser einweichen), statt der Nüsse Cashewmus verwenden, Pulver und Saft unterrühren.

Erdnussbutter-BANANEN-BÄLLCHEN

Die kaliumreichen Bananen regulieren den Blutdruck und bringen dazu noch viel Energie.

ERGIBT 16 STÜCK

140 g ungesalzene stückige Erdnussbutter

1 kleine reife Banane (etwa 75 g)

140 g getrocknete Datteln, entsteint

30 g gemahlene Leinsamen

30 g Chiasamen

20 g gemahlene Mandeln

2 TL Moringapulver (nach Belieben)

geschälte Hanfsamen zum Wälzen

1 Alle Zutaten, bis auf die Hanfsamen, in der Küchenmaschine so lange verarbeiten, bis sie sich verbinden und einen lockeren Klumpen bilden.

2 Aus der Mischung 16 gleich große Bällchen formen.

3 Die Hanfsamen auf einem Teller geben und die Bällchen darin rundum wälzen.

4 Die Erdnussbutter-Bananen-Bällchen für 1 Stunde in den Kühlschrank stellen oder 20 Minuten gefrieren, damit sie fest werden. Am besten kalt servieren.

Von Hand gemacht

Diese Bällchen lassen sich gut ohne Küchenmaschine herstellen: Banane mit einer Gabel zerdrücken, Datteln fein hacken und alle Zutaten in einer Schüssel vermengen.

Pro Stück: **Kalorien** 92 · **Fett** 4,6 g · **Kohlenhydrate** 11 g · **Zucker** 10,5 g
Natrium 6 mg · **Ballaststoffe** 1,2 g · **Protein** 2 g

»Apple-Pie«-BÄLLCHEN

Ein Snack voller Antioxidanzien, Proteinen und Ballaststoffen, der obendrein für einen konstanten Blutzuckerspiegel sorgt.

ERGIBT 16 STÜCK

- 175 g getrocknete Äpfel
- 85 g Pekannüsse
- 50 g Haferflocken
- 2 EL Ahornsirup oder Rohhonig
- 1 EL Lucumapulver (nach Belieben)
- 1 TL gemahlener Zimt
- ½ TL gemahlene Muskatnuss
- ¼ TL gemahlene Nelken
- Himbeerpulver, zum Wälzen (nach Belieben)

1 Alle Zutaten, bis auf das Himbeerpulver, in einer Küchenmaschine verarbeiten, bis alles fein gehackt ist.

2 Währenddessen nach und nach 2–4 EL kaltes Wasser dazugeben, bis die Zutaten sich verbinden und einen lockeren Klumpen bilden.

3 Aus der Mischung 16 gleich große Bällchen formen.

4 Nach Belieben etwas Himbeerpulver auf einen Teller geben und die Bällchen darin wälzen.

5 Die »Apple-Pie«-Bällchen für 1 Stunde in den Kühlschrank stellen oder 20 Minuten gefrieren, damit sie fest werden. Am besten kalt servieren.

Pro Stück: **Kalorien** 92 · **Fett** 4,6 g · **Kohlenhydrate** 11 g · **Zucker** 10,5 g
Natrium 6 mg · **Ballaststoffe** 1,2 g · **Protein** 2 g

Von Hand gemacht

Äpfel fein hacken (gegebenenfalls vorher 5 Minuten in kaltem Wasser einweichen), statt der Nüsse Pekannussmus verwenden und mit Haferflocken, Sirup und Gewürzen vermengen.

Frucht-Nuss-SUPERBÄLLCHEN

Ein gesunder süßer Snack, überzogen mit nährstoffreichen Zutaten.

ERGIBT 16 STÜCK

125 g Rosinen

125 g getrocknete Datteln, entsteint, oder ungeschwefelte getrocknete Aprikosen

125 g Walnusskerne

1–2 TL Spirulinapulver (nach Belieben)

geschälte Hanfsamen, Kakaopulver, Kokosraspel, Erdbeerpulver und gehackte Pistazien, zum Wälzen

1 Rosinen, Datteln oder Aprikosen, Walnüsse und nach Belieben Spirulinapulver in der Küchenmaschine gut zerkleinern.

2 Anschließend aus der Mischung mit den Händen 16 gleich große Bällchen formen.

3 Hanfsamen,Kakaopulver, Kokosraspel, Erdbeerpulver und Pistazien jeweils auf einen Teller geben. Die Bällchen vorsichtig darin wälzen.

4 Die Bällchen 1 Stunde in den Kühlschrank stellen, damit sie fest werden. Am besten gekühlt servieren.

Von Hand gemacht

Statt der Walnusskerne 125 g Walnussmus verwenden, die Trockenfrüchte so fein wie möglich hacken. Alle Zutaten in eine Schüssel geben, vermengen, Bällchen rollen und diese in den unterschiedlichen Zutaten wälzen.

Pro Stück: **Kalorien** 86 · **Fett** 5,4 g · **Kohlenhydrate** 8,2 g · **Zucker** 8,1 g
Natrium 8 mg · **Ballaststoffe** 0,9 g · **Protein** 1,8 g

Superfood-MÜSLI-BÄLLCHEN

Die Aminosäuren unterstützen die Reparatur der Muskeln.

ERGIBT 16 STÜCK

100 g Heidelbeeren (frisch oder TK)
50 g Ahornsirup, Reissirup oder Rohhonig
50 g Kokosöl
100 g Haferflocken
25 g Kürbiskerne
25 g Sonnenblumenkerne
25 g Chiasamen
50 g Mandelblättchen
25 g gemahlene Mandeln
25 g Rosinen
25 g Gojibeeren
1 TL gemahlener Zimt
1–2 TL Açaípulver oder Baobabpulver (nach Belieben)

1 Die Heidelbeeren mit 1 EL Wasser in einen Topf geben, aufkochen und köcheln lassen, bis sie weich sind und zerfallen. Sirup oder Rohhonig sowie Kokosöl hinzufügen und erhitzen, bis sich alles verbunden hat.

2 Die übrigen Zutaten in einer großen Schüssel mischen. Die Heidelbeermischung dazugeben und gut mit den trockenen Zutaten vermengen. Es entsteht eine sehr klebrige Mischung. Aus der Masse 16 gleich große Bällchen formen.

3 Die Bällchen vor dem Verzehr 1 Stunde kalt stellen.

Variante

Sie können die Bällchen auch backen. Den Backofen auf 180 °C Ober-/Unterhitze (160 °C Umluft) vorheizen, die Bällchen auf ein mit Backpapier belegtes Blech geben und 15 Minuten backen. Abkühlen lassen.

Pro Stück: **Kalorien** 125 · **Fett** 8,5 g · **Kohlenhydrate** 9,8 g · **Zucker** 4,7 g
Natrium 3 mg · **Ballaststoffe** 1,9 g · **Protein** 2,9 g

GUT vor
und nach dem
WORKOUT

Cranberry-Feigen-HÄPPCHEN

Ballaststoffreiche Feigen fördern Verdauung und Ausdauer.

ERGIBT 16 STÜCK

125 g ganze Mandeln
125 g getrocknete Cranberrys (ungezuckert)
125 g getrocknete Feigen, entstielt
1 TL Macapulver (nach Belieben)
½ TL gemahlener Zimt
¼ TL gemahlener Ingwer
½ TL gemahlener Piment
¼ TL gemahlene Muskatnuss
1½ EL Orangensaft

1 Alle Zutaten in eine Küchenmaschine geben und 30 Sekunden zerkleinern, bis alles fein gehackt ist.

2 Mit den Händen aus der Mischung 16 gleich große Bällchen formen – das geht leichter mit angefeuchteten Händen.

3 Vor dem Verzehr die Bällchen 1 Stunde kalt stellen.

Super *Tipp*

Dieser Snack schmeckt am besten, wenn er noch etwas Textur und Biss hat, deshalb nicht zu lange zerkleinern. Die Mischung sollte nicht zu weich sein!

Pro Stück: **Kalorien** 92 · **Fett** 4,6 g · **Kohlenhydrate** 11 g · **Zucker** 10,5 g
Natrium 6 mg · **Ballaststoffe** 1,2 g · **Protein** 2 g

Von Hand gemacht

Die Bällchen können auch ohne Küchenmaschine gemacht werden. Dafür statt der ganzen Mandeln 125 g Mandelmus verwenden. Die Trockenfrüchte so fein wie möglich hacken und beides mit Gewürzen und Saft gut vermengen.

Schokoladenbällchen FÜR SOFORT-ENERGIE

Rohhonig steuert gesunde Süße bei und Blütenpollen schenken auf natürliche Weise Vitalität.

ERGIBT 16 STÜCK

125 g dunkle Tahin (Sesammus)

115 g Rohhonig (oder Ahornsirup oder Reissirup)

50 g Roh-Kakaopulver, plus mehr zum Wälzen

25 g Kokosöl

25 g reife Avocado

1 EL Sesam

Blütenpollen, zum Wälzen (Internethandel, nach Belieben)

Kakaopulver (nach Belieben)

1 Alle Zutaten, außer dem Sesam, den Blütenpollen und dem Kakaopulver zum Wälzen, in der Küchenmaschine zu einer klebrigen Paste verarbeiten. Sesam zugeben und auf Puls-Stufe mehrmals kurz unterarbeiten – die Samen sollen ganz bleiben.

2 Die Masse zum Festwerden 1 Stunde kalt stellen.

3 Aus der Masse 16 gleich große Bällchen formen. Falls sie zu klebrig ist, die Hände ein wenig anfeuchten.

4 Nach Belieben Blütenpollen und etwas Kakaopulver jeweils auf einen Teller geben. Die Bällchen in Blütenpollen oder Kakaopulver wälzen. Jetzt sind sie nicht mehr so klebrig und lassen sich zu schönen Kugeln rollen.

5 Die Schokoladenbällchen mindestens noch 1 Stunde kalt stellen. Gekühlt servieren.

Von Hand gemacht

Tahin, Honig, Kakaopulver und Kokosöl (geschmolzen) in einer Schüssel zu einer Toffeemasse verrühren. Die Avocado in einer anderen Schüssel klümpchenfrei mit einer Gabel zerdrücken, mit dem Sesam zur Schoko-Mischung geben und die Zutaten gut miteinander vermengen.

Pro Stück: **Kalorien** 89 · **Fett** 7 g · **Kohlenhydrate** 5 g · **Zucker** 4,4 g · **Natrium** 2 mg · **Ballaststoffe** 1 g · **Protein** 1,7 g

Avocado-Bananen-EISLOLLIS

Ideal nach dem Training – dank nährstoffreicher Chiasamen.

ERGIBT 8 STÜCK

8 Lolliformen oder 16 große Eiswürfelformen plus Stiele

400 ml ungesüßte Mandel- oder Haselnussmilch (siehe Nussmilch, Seite 27)

2 EL Kakaonibs

1 EL Chiasamen

½ reife Avocado

1 kleine Banane

1 Prise Meersalz

1 Mandel- oder Haselnussmilch in einen kleinen Topf gießen und die Kakaonibs hinzufügen. Langsam erwärmen und zum Köcheln bringen, dann den Topf vom Herd nehmen. Etwas abkühlen lassen, dann die Chiasamen einrühren und alles vollständig auskühlen lassen.

2 Avocado und Banane in der Küchenmaschine mit Salz pürieren. Die abgekühlte Milchmischung hinzufügen und vermengen, bis die Kakaonibs etwas aufbrechen.

3 Die Mischung mithilfe eines Kunststofftrichters oder eines Trichters aus Backpapier in die Formen gießen und in das Gefrierfach legen.

4 Wenn die Lollis halb gefroren sind, jeweils einen Lolli- oder Cake-Pop-Stiel hineinstecken. Wieder ins Gefrierfach legen, bis sie ganz gefroren sind.

Repariert & hydriert **MUSKELN**
KALORIENARMER, **KALIUMREICHER** Snack

Pro Stück: **Kalorien** 23 · **Fett** 1,6 g · **Kohlenhydrate** 2 g · **Zucker** 1,1 g
Natrium 24 mg · **Ballaststoffe** 1 g · **Protein** 0,5 g

Register

A

Adzukibohnen-Curry mit Spinat 138
Ahi-Poke-Bowl mit Algensalat 94
Amarant-Heidelbeer-Frühstücksriegel 36
Apfel-Grünkohl-Smoothie-Bowl 46
»Apple-Pie«-Bällchen 162
Aprikosen, Möhren-Muffins mit 56
Asia-Salat mit Mungobohnen & Minze 102
Avocado-Bananen-Eislollis 172
Avocado-Nori-Nusscreme-Toasts 72
Avocado-Pesto 29

B

Baba Ghanoush 28, 100
Beeren & Rote Bete, Smoothie 41
Balsamico-Glasur 29
Beeren-Chia-Smoothie-Bowl 42
Beeren-Coulis, Süßes Kokosbrot mit 58
Birne, Powerkorn-Porridge mit 54
Blumenkohl-Reis-Taboulé-Bowl 92
Bohnen-Quesadilla mit Süßkartoffel 136
Bohnensprossen-Burger mit Cashew-Mayo 130
Bowl mit geröstetem Wurzelgemüse 110
Brokkoli-Haselnuss-Kraftpakete 154
Buchweizenbällchen, Zweierlei 144
Buchweizen mit Baba Ghanoush 100
Buchweizen-Pho mit Pilzen & Makrele 114

C

Cashewcreme 26
Cashew-Mayo, Burger mit 130
Chili-Limetten-Sauce, Sommerrollen mit 76
Chimichurri-Sauce 28
Cranberry-Feigen-Häppchen 168

E/F

Energiebällchen-Formel 142
Erbsen, grüne, Knabberbällchen mit 146
Erdnussbutter-Bananen-Bällchen 160
Feta-Sprossen-Salat, Pikante Pancakes mit 88
Frucht-Nuss-Superbällchen 164
Frühstücks-Desserts 66
Mandel & Pfirsich 67
Müsli & Beeren 66
Orange & Pistazie 67

G

Gemüse. Gedämpftes & Halloumi 112
Gemüseeintopf mit Gerste & Sorghum 126
Gemüsepfanne mit Quinoasprossen 132
Gemüsestreifen, Lachs auf Hirse mit 128
Gerste & Sorghum, Gemüseeintopf mit 126
Gojibeeren-Rawnola 34
Grünkohl & Bohnen, Rühreier mit 62
Grünkohl-Kokosnuss-Bällchen 156
Guacamole 29
Gurken, eingelegte 27

H/I

Hafer-Power-Bowl, Pikante 60
Halloumi, Gedämpftes Gemüse & 112
Hanfsamen-Quinoa-Cruncher 150
Harissa-Huhn-Bowl mit Reis 120
Harissa-Marinade 29
Haselnuss-Dukkah 26
Heidelbeer-Hafer-Pancakes 64
Hirse, Gewürzte, mit Gemüse 124
Hirse mit Gemüsestreifen, Lachs auf 128
Hirse-Buddha-Bowl & Rote-Bete-Hummus 106
Hummus 26
Immunsystem-Booster, Tropische 158

K/L

Knabberbällchen mit grünen Erbsen 146
Kohl & Parmesan, Weiße-Bohnen-Suppe mit 86
Kokosbrot, Süßes, mit Beeren-Coulis 58
Koriander, Zitronen-Hummus mit 74
Körnersalat mit Röstkürbis 80
Lachs auf Hirse mit Gemüsestreifen 128

M/N

Mais-Kichererbsen-Puffer 84
Möhren-Muffins mit Aprikosen 56
Mungobohnen & Minze, Asia-Salat mit 102
Naturreis-Sushi-Bowl mit Sprossen 118
Nussmilch 27
Nuss-Samen-Powerbällchen 148

O

Overnight Oats 48
Apfel, Kardamom & Granatapfel 49
Erdnussbutter, Ahornsirup & Banane 49
Waldfrüchte & Leinsamen 48

P

Papaya & Möhre, Smoothie 40
Pho-Bowls 116
Ei & Garnele 117
Hähnchen & Sriracha 116
Kelp & Tofu 117
Poke-Bowls 96
Gemüse 96
Lachs 97
Scharfer Tofu 97
Powerkorn-Porridge mit Birne 54

Q

Quinoa-Beeren-Porridge 52
Quinoa-Buchweizen-Müsli 32
Quinoa-Supersamen-Brot 70

R

Regenbogen-Gemüse-Frittata 82
Reis, Harissa-Huhn-Bowl mit 120
Reis-Edamame-Proteintopf 78
Röstkichererbsen, Zucchinispiralen & 122
Röstkürbis, Körnersalat mit 80
Rote-Bete-Hummus 26, 106
Rotkohl-Kimchi 28
Rühreier mit Grünkohl & Bohnen 62

S

Saft, göttlicher, grüner 38
Salsa verde 29
Schoko-Haselnuss-Porridge 50
Schokoladenbällchen für Sofort-Energie 170
Schwarze-Bohnen-Burrito-Bowl 134
Smoothie-Bowl, Tropische 44
Smoothies to go 40
Beere & Rote Bete 41
Papaya & Möhre 40
Wassermelone & Fenchel 41
Sommerrollen mit Chili-Limetten-Sauce 76
Sorghum, Gemüseeintopf mit Gerste & 126
Sprossen, Naturreis-Sushi-Bowl mit 118
Superfood-Müsli-Bällchen 166
Sushi-Bowl, Vegetarische 90
Süßkartoffel, Bohnen-Quesadilla mit 136
Süßkartoffel-Chili-Happen 152
Süßkartoffel-Falafel 27

T

Texmex-Salat & Zuckermais-Salsa 104
Tofu-Kimchi-Bowl 98

W

Wassermelone & Fenchel, Smoothie 41
Weiße-Bohnen-Suppe mit Kohl & Parmesan 86

Z

Zitronen-Hummus mit Koriander 74
Zucchinispiralen & Röstkichererbsen 122
Zuckermais-Salsa 28, 104

Noch mehr Food-Power:

Volle Power Hülsenfrüchte
Grüne Proteine satt
19,95 € (D) / 20,60 € (A)
ISBN 978-3-8310-3416-1

Körnerküche
Innovative Rezepte mit alten Getreidesorten
19,95 € (D) / 20,60 € (A)
ISBN 978-3-8310-3122-1

Super Clean Super Foods
Die 90 gesündesten Lebensmittel der Welt
16,95 € (D) / 17,50 € (A)
ISBN 978-3-8310-3357-7

100 Bowls zum Abnehmen
Schüssel für Schüssel zur Traumfigur
14,95 € (D) / 15,40 € (A)
ISBN 978-3-8310-3417-8